MARIETTE
DARRIGRAND

J'TE KIFFE JE T'AIME

69 HISTOIRES DE MOTS D'AMOUR...

Illustrations
d'Albertine

« FOLIO »

mystiques, pour décrire ce moment où Dieu les gratifia de sa présence. Avant lui, Zeus, *sex addict* au tempérament orageux, faisait tomber la foudre de son regard sur la jolie mortelle qu'il avait repérée d'en haut. Tomber amoureux est dû à une fulgurance (*fulga* est l'éclair en latin), plus originelle encore que le péché. Elle marque un avant et un après.

Cette lueur dans le ciel (ou dans la boîte de nuit ou dans la salle de réunion) se conjuguera toujours au temps de l'intensité émotionnelle : « Je le vis, je rougis et pâlis à sa vue. » La formule de Phèdre apercevant pour la première fois son beau-fils Hippolyte vaut encore pour tout un chacun ému par un visage.

Malgré les découvertes biologiques prouvant que la séduction est simple affaire de gènes ou de neurotransmetteurs ; malgré les taux de divorce et les vérités postmodernes – l'amour dure trois ans… –, le choc de la rencontre fait rêver. Jamais un coup de foudre n'abolira ce hasard-là – heureux ou malheureux, cela est une autre histoire…

AMOUR AU PREMIER REGARD

En anglais, le coup de foudre se dit : *Love at the first sight*. Eu égard au nombre de comédies romantiques et de romans sentimentaux que nous envoie chaque année le monde anglo-saxon, il est tout à fait possible qu'un anglicisme apparaisse prochainement sur nos écrans. *Amour au premier regard* effacerait alors notre sempiternel *coup de foudre*.

Rassurons tout de suite les académiciens inquiets, la langue de Shakespeare *in love* parle souvent, concernant le corps, en latin ou en ancien français. Le motif de la femme à peine entrevue, mais capable de susciter un amour éternel vient de la poésie romaine. De celle de Catulle, en particulier, auteur né à Vérone au temps de Jules César : voir une certaine Lesbie lui fut fatal. Comme plus tard, Béatrice le fut à Dante. Et dans la période intermédiaire (ixe siècle), Leïla à son cousin Majnun, faisant de lui l'inventeur – arabe – de l'amour courtois à la française…

La puissance du regard féminin ranime en littérature le pouvoir thériomorphique des déesses

Athéna ou Artémis : femmes fatales, capables de vous changer n'importe quel homme en animal servile, en le fixant de leurs yeux pers et de leurs flèches d'amazone. Double poison décoché dans le cœur de l'amoureux, blessé par Cupidon, appelé aussi le facétieux archer.
Le *visus*, stade premier de l'amour, était aussi nommé le *raptus* : image qui emprisonne le cœur. Le ravit pour la vie.

2. FAIRE UNE FIXETTE / AVOIR UN FURIEUX TENDRE

FAIRE UNE FIXETTE

« Faire une fixette » sur quelqu'un se dit beaucoup aujourd'hui pour prouver la force de la séduction visuelle. Non seulement un visage nous a retenu dans la foule mais, soudain, il nous arrête et nous obsède. Le plaisir de commencer un roman dont nous serons le héros ou l'héroïne se dévoie alors en idée fixe. Nous poursuivons l'Autre (SMS incessants) ou il nous poursuit (nous en rêvons, nous l'hallucinons partout où nous allons).

C'est contre cette obsession que nous met en garde la psychologie comportementaliste voyant vite affleurer l'addiction amoureuse. Ce que le romantisme voyait comme une « langueur » et la chanson populaire une « maladie pouvant courir de 7 à 77 ans », l'industrie du soin psychologique le voit désormais comme un symptôme à guérir de toute urgence.

L'Autre, toxique ennemi de notre liberté, a acquis un pouvoir bien supérieur à celui des

patriarches judéo-chrétiens. Véritable statue du Commandeur, il ne dit pas à Dom Juan qu'il est méchant, mais qu'il est malade. Il est vrai que se sentir obsédé par un être séduisant est une expérience aliénante. « J'ai aimé », avait répondu Isabelle Adjani quand on lui avait demandé ce que diable elle avait fait durant les cinq années où elle avait refusé tous les films. C'est que le film, elle le vivait en vrai, comme toutes les grandes amoureuses. Le pronostic vital dans ce cas est engagé, surtout si l'amant, lui, ne l'est pas. On comprend que le personnel médical réagisse dans son vocabulaire ; après tout c'est lui qui gère les dégâts. Parfois les débris. « Aimer tue », pourrait-il proclamer comme le fabricant de cigarettes.
Dans le langage contemporain, le risque de vivre cette situation de papillon épinglé est fort heureusement atténué par le suffixe en –ette, toujours porteur d'un bienvenu degré mineur. Une fixette n'est pas un fixe ! L'overdose ne menace pas vraiment. L'amour aussi peut se doser… C'est en tout cas ce que cherche à nous faire accroire l'idéologie post-romantique. Pour elle, Emma – prénom féminin encore beaucoup

donné aux petites filles – doit apprendre à voir en Léon ou Rodolphe de possibles pervers narcissiques… Flaubert, après avoir écrit *Madame Bovary*, assura s'être guéri du cancer du lyrisme.

AVOIR UN FURIEUX TENDRE

Avant lui, au siècle classique, le danger du rapt amoureux était beaucoup moins dénoncé. L'individu n'avait pas encore ce problème, car il vivait dans l'enfermement des convenances. Le désir personnel s'éprouvait comme fatalité et non comme liberté. En l'homme, se jouait un combat entre le devoir du cœur et celui de la raison.

L'oxymore fut le fruit esthétique de cette tension. Nous avons tous gardé de nos années lycée « l'obscure clarté des étoiles » qui tombe sur le beau Rodrigue quand il guette l'armée des Maures. Dilemme cornélien, cette figure de style réunit des contraires, ce qui est bien dans l'intention de l'art érotique : art de nouer le feu amoureux et la tempérance de l'altérité.

Guère étonnant que le janséniste Racine ait fait

de cette dose de sublimation sertie dans la pulsion sa marque de fabrique. Ses héroïnes sont furieusement douces, ses héros connaissent de furieux tendres. Prouesse du corps masculin : « avoir un Tendre pour quelqu'une » peut signifier aussi bien « avoir un faible » que « tenir une belle érection »…

Mademoiselle de Scudéry donna un pays à cette frontière subtile entre la tempérance et l'aimance. Sur sa Carte de Tendre, l'amant doit passer par trois villes pour rejoindre l'aimée : Tendre-sur-Inclination, Tendre-sur-Estime, Tendre-sur-Reconnaissance.

Sur sa route, il rencontrera des étapes bienvenues : Hameaux du Billet-Doux ou du Galant-Baiser… C'est que tendre son corps et son esprit vers l'autre, s'étendre à son côté sans outrepasser ses droits, est un voyage complexe, exigeant de nouer ensemble l'excès et la mesure. Érotisme, art oxymorique.

3. UNE FILLE CANON / LES CANONS DE LA BEAUTÉ

UNE FILLE CANON

Il y a une dizaine d'années, quand ont commencé à être médiatisées les stars hollywoodiennes venues de Puerto Rico, Cuba ou Mexico, est née la *bomba latina*. Cette chanteuse, danseuse, actrice a réhabilité les formes féminines. Loin des silhouettes anglo-saxonnes faméliques, ces jeunes femmes avides de réussir au pays des *gringos* ont exhibé leurs attributs de callipyges caribéennes. Depuis, elles mènent la guerre économique mondialisée. Beyoncé, Rihanna, et Jennifer Lopez sont de puissantes femmes d'affaires…
À partir de la culture sud-américaine d'où elles viennent – qui a créé le mot *macho* –, elles rappellent que le néo-féminisme est un sport de combat. À l'instar de ces *amazing amazones*, de plus en plus de femmes pratiquent la boxe, le catch, et autres kung-fu. Elles jouent à de dangereux *Hunger Games* et se battent pour leur *Homeland*. Loin de la célèbre fragilité féminine,

elles inventent la femme qui met le feu, la femme qui tire la première. Elles sont des bombes, en effet, dans tous les sens du terme.

La guerre constitue l'une des métaphores les plus anciennes de l'amour. Ce qui est nouveau, et représente un danger inédit, c'est quand précisément le second degré se perd de vue. Quand – et la société du spectacle y pousse –, l'on passe du symbolique à l'iconique ; des écrits aux écrans. Dire d'une jolie fille qui passe dans la rue ou sur Instagram : « Trop canon, la meuf ! » c'est l'admirer mais aussi la réifier : son corps est une matière (« C'est d'la bombe ! »). Matière hautement désirable, matière tout de même…

LES CANONS DE LA BEAUTÉ

À l'origine, le canon faisait entendre un tout autre son. Appartenant à Apollon ou Aphrodite, il marquait les normes de la beauté : longueur du nez, trapèze des épaules, triangle du mont de Vénus… Nos ancêtres les Romains, qui adoraient le droit, dictèrent, après les Grecs, les règles du *kalos-kagathon* : la beauté physique

reflète la bonté intérieure. L'harmonie architecturale d'un visage ou d'un corps n'était pas seulement sexy, mais moralement parfaite.
La société occidentale a érigé le droit canon de la beauté sur cette conception, le *kanon*, désignant dans la langue d'Aristote une norme idéale destinée à durer (à être canonique), probablement à partir d'un mot hébreu, *kanè*, « la règle ».
Rien à voir avec un autre mot, latin et beaucoup plus concret, *canna* : roseau creux, dans lequel on soufflait pour faire de la musique et à travers lequel on finira par envoyer des boulets.
C'est le premier, canon pacifique et esthétique, que les peintres européens incarneront, puis détourneront : cou de cygne anormal de la *Grande Odalisque* d'Ingres, ailes d'oiseau en place de bras pour les belles de Modigliani… Picasso achevant d'imposer ses propres canons.
Au lecteur et à la lectrice de décider en se regardant dans la glace si les abdo-fessiers, obtenus dans la sueur et les larmes à la salle de sport, ont fait d'eux des êtres canons. Ou s'ils leur permettront, comme les grands artistes, d'imposer leurs propres formes… Deux combats différents : l'un culturiste, l'autre culturel.

4. J'HALLUCINE / JE SUIS TROUBLÉ

J'HALLUCINE

Dans une de ces versions ridicules censées rendre les grands textes comestibles, on pourrait imaginer le cliché littéraire de la rencontre – un grand bal plein de beaux officiers et de belles oies blanches – raconté dans le langage actuel. « Quand je l'ai vue, j'ai trop halluciné ! » pourrait alors s'écrier Nemours voyant au loin la jeune Clèves.

Fondé sur le verbe grec *alein*, « errer », l'*hallucinatus* est celui qui dort debout, perdu dans ses fantasmes. État somnambulique qui prédispose aux rencontres, et d'abord à celle de l'imaginaire et du réel. À cette frontière, la lumière est étrange, comme dans ces films d'*heroic fantasy* où les hommes-vampires séduisent des femmes-zombies. Où les héros sont *glamour*, au sens que l'écrivain Walter Scott a donné le premier au terme : porteur d'une lumière lunaire, gothique.

« Halluciner l'Autre » est l'une des définitions

que Lacan donne de l'énamoration. Soudain, la collègue de bureau ou le voisin de palier que nous avons croisés sans les voir durant plusieurs mois, par la grâce d'un regard échangé à la machine à café ou dans l'ascenseur, se mettent à nous visiter sans que nous l'ayons demandé. Ils sont là, sur notre épaule, doux et tyranniques fantômes que nous nous administrons nous-mêmes… Swann, en train d'écrire un livre sur la peinture, fait advenir sur le visage ordinaire d'Odette, vieillissante cocotte de la Belle Époque, le reflet d'une belle de Botticelli vue à la chapelle Sixtine, et en tombe fatalement amoureux.

Avec l'exclamation argotique – « J'hallucine ! » –, l'individu actuel dit bien que, nourri plus que jamais d'images, il projette sur l'écran noir de ses nuits blanches le grand spectacle de l'amour.

JE SUIS TROUBLÉ

Les progrès de l'industrie du divertissement ne sont donc pas étrangers au succès de

l'hallucination. Ils ont de ce fait contribué à faire disparaître ce que les amoureux de Racine ou Corneille appelaient leur « trouble ».

Le mot était alors poétique et vague. L'émotion se décrivait moins qu'elle n'énonçait sa présence. « Madame vous jetez le trouble dans mon être » ne dit rien de précis, si ce n'est que la séduction peut évoluer vers la relation.

Aujourd'hui, le « trouble » s'est dépoétisé. Soit il est médical (troubles de la mémoire), soit il est politique (troubles dans les banlieues)... Et, dans le domaine sexuel, il concerne l'identité et non l'altérité : troubles dans le genre...

Quel serait l'intérêt de le réhabiliter ?

Un seul, mais de taille : le fait que le trouble porte toujours quelque chose de plus grand que l'individu. Une manière de le raccorder au monde, à la nature, au cosmos. Parfois aussi à la foule. Il y a, depuis longtemps, des troubles à la périphérie des villes : dans ce « lieu » où le « ban » (la loi civique) a bien du mal à s'appliquer...

Que l'amour vienne porter le trouble dans les cœurs ou les sens rappelle alors opportunément que, à un moment, l'état amoureux, fût-il déclenché par l'individu lui-même hallucinant l'Autre, lui échappe. Le trouble se manifeste toujours par des phénomènes naturels : climat qui se dérègle, température qui monte, rivières de larmes qui sortent de leurs lits…

5. *SEXTAPE* / BLASON

SEXTAPE

La *sextape* est une sorte de lettre de cachet visuelle. Au lieu de diffamer par écrit, comme durant l'Ancien Régime, l'amant éconduit ou la femme délaissée propulse un portrait en nudité et en vidéo sur les réseaux sociaux.
Il se peut que le petit film ait été au départ un exercice d'admiration : la fille quelconque érigée en femme idéale, l'homme soumis aux fantaisies de sa maîtresse – ou de son maître – en toute confiance… Petits arrangements entre amants. Mais le message peut aussi devenir obscène, au sens propre (si l'on ose dire) : mis sur le devant (*ob-*) de la scène.
Dévoiler l'intimité de quelqu'un constitue une vengeance terrible. Des personnalités publiques en font régulièrement les frais : sportifs, actrices, animateurs de télévision, proies idéales de ce nouveau droit de cuissage. Les outils technologiques dévoient le *raptus* de la séduction, et annulent la métaphore. Le rapt devient une présence sans paroles. Un corps

concret, chosifié, déshumanisé. En anglais, il a donné *rape*, « le viol ».
Nombre de grands peintres dénudèrent leurs femmes sur la toile. Mais l'*Olympia* de Manet et même le mystérieux modèle de Courbet pour *L'Origine du monde* furent sublimés et non dégradés comme aujourd'hui sur la Toile. En matière d'érotisme, comme en matière de cadeaux de Noël, c'est l'intention qui compte : la nature du regard.

BLASON

C'est avec l'intention d'élever très haut le corps féminin, que Clément Marot inventa le « blason ». Anti-*sextape* par anticipation, ce petit poème amoureux de la Renaissance se calquait sur les grands poèmes épiques pour mieux les détourner. Revanche de Vénus sur Mars. Ou de la création intime sur le péplum héroïque. Le blason le plus connu est celui du « Beau Tétin » par lequel Marot fait du sein une petite boule d'ivoire : « Au milieu duquel est assise / Une fraise ou une cerise… »

Le principe d'écriture est la liste – principe jusque-là réservé aux armes. Par exemple, le comptage minutieux des bateaux grecs au début de l'*Odyssée*. Cette fois, c'est la charnalité, comme on disait, et non l'armée qu'il s'agit de décrire. Comme les détails en peinture sont soulignés – yeux, peaux, seins, tétons, cils et sourcils –, l'énumération entraîne l'énamoration.

Marot aime ces transpositions depuis qu'il a réactualisé la langue médiévale du *Roman de la rose* en en faisant le premier best-seller français. Comme il avait traduit pour la première fois les Psaumes. Comme il aimait le Cantique des Cantiques où les corps sont déjà blasonnés : joues de l'aimée comme des grenades, jambes de l'aimé comme des chèvres dévalant le coteau.

Les créateurs inspirés n'ont jamais abandonné cette manière d'effeuiller le corps. « Et mes pieds, tu les aimes mes pieds, et mes cuisses, tu les aimes mes cuisses, et mes fesses ?... » demande Brigitte Bardot dans *Le Mépris*.

ARS EROTICA 2

LA PAROLE

I. DRAGUER / PROPOSER LA BAGATELLE

DRAGUER

« Draguer » fait partie de ces vieux mots de la tribu qui ont passé les siècles. Il est multi-générationnel et universel comme une clé de douze, petit outil du quotidien. Le Dragueur, au départ « chercheur de trésor », a fini par devenir, dans les années *Playboy* et *Salut les copains*, le type pas mal qui va chercher l'aventure sexuelle au coin de la rue. Depuis, il résiste à la médicalisation de l'amour opérée par les médias. Il est concurrencé par le pervers narcissique ou le *sex addict*, mais pour l'instant leur résiste bien.
On voit venir de loin celui qui drague. Et surtout on l'entend, car c'est avant tout un beau parleur. Pas de drague sans paroles, sans tchatche, sans chat… Adepte de ce sport en chambre, Roland Barthes déclarait joliment à propos de ceux qu'il convoitait : « Le langage est une peau : je frotte mon langage contre l'autre. C'est comme si j'avais des mots en guise de doigts, ou des doigts au bout de mes mots. »

Les Romains parlaient, eux, d'*alloquium*, la forme érotique de l'éloquence. Dans leur lignée, les troubadours nommeront *jaser*, ce stade bavard de la séduction : flot de paroles légères et définitives. Longtemps « faire l'amour » s'est dit « faire la causette ».

Un verbe « draguer » désérotisé est récemment apparu : être dragué par un chasseur de têtes, draguer des électeurs… En revanche, les animaux ne draguent pas plus aujourd'hui qu'hier. Les mâles mènent la parade, les femelles roucoulent ou l'inverse, mais aucun ne parle. Bêtes et hommes ont en commun une bonne part d'ADN ; seuls ces derniers ont des mots pour s'aimer.

Sur le grand océan des sites de rencontre, le sens concret de la notion réapparaît : la « drague » est de nouveau ce grand filet (un « réseau » en ancien français) permettant de surfer sur les eaux troubles, en quête de gros poissons ou de petites polissonnes, dont on fera ensuite peut-être commerce.

PROPOSER LA BAGATELLE

Le fait que « draguer » soit encore le mot quotidien de la séduction ne doit pas nous empêcher, pour des occasions plus rares (week-ends amoureux, vacances romantiques…), d'avoir en stock quelques expressions plus stylées. « Proposer la bagatelle » est une de celles-là. Très pertinente, surtout si c'est pour l'Italie que nous embarquons.

Quand Catherine de Médicis arrive de Florence, en 1533, pour devenir reine de France, elle importe macarons, bijoux, masques, bergamasques et… mots. Qu'auraient fait les *latin lovers* français sans la *carezza*, qui n'existait pas dans la langue de Du Bellay ? Ou sans cette *bagatella*, vite francisée en bagatelle puisqu'elle rime avec « elle », cette « belle » qu'il faut attendrir par une babiole achetée dans la rue aux marchands toscans ou lombards : bonbon, collier, ruban…

Sur les tréteaux de la *commedia dell'arte*, Polichinelle se moque de tout ce bagout selon lui hypocrite. Il montre son derrière au public hilare, en se prosternant devant une porte, symbole du sexe féminin. On appellera « bagatelles de la porte » cet avant-passage à l'acte, durant lequel le langage est censé tenir le corps en haleine.

Au XVIIIe siècle, époque des théories philosophiques et des premières remises en cause de l'ordre établi, les femmes s'emparent de cette parole tentatrice. Chez Marivaux en particulier, les jeunes premières ont la langue bien pendue. Au fil des siècles, de plus en plus éduquées, elles feront sensiblement monter le niveau de ces jeux de l'amour et du langage.

Quelle option reste-t-il aux hommes du XXIe siècle, sinon inventer de fausses étymologies – par exemple entre « bague » et « bagatelle » – et continuer la tradition du cadeau de « déclaration » ? Ou préférer le départ en solo pour Bagatelle, cette partie du bois de Boulogne à l'ouest de Paris où l'on peut aller consommer certaines prestations sexuelles sans nécessité de beaucoup causer.

2. CONVERSATION VIRTUELLE / CONVERSATION CRIMINELLE

CONVERSATION VIRTUELLE

Effacé dans la pornographie, le langage fait en revanche la démonstration de son importance cruciale dans l'approche érotique. Dans le spectacle porno, les deux partenaires se jettent l'un sur l'autre, sans autre forme de procès, passant directement de la relation sociale à la relation intime. La révolution digitale peut accentuer ces courts-circuits du désir : géolocalisation d'un amant de proximité, ou commande express d'une travailleuse du sexe… Mais elle crée aussi tout l'inverse. Ils ne sont pas rares, ces hommes et ces femmes qui passent un temps fou sur les réseaux à la recherche d'une vraie relation.

Le langage littéraire peut alors être utile. Draguer sur le Net, c'est écrire des phrases amphibologiques comme dans Marivaux, poétiques comme dans Verlaine, rigolotes comme dans Rabelais. Une pointe de cynisme à la Albert Cohen ne nuit pas. Les amants contemporains doivent savoir, s'ils ne veulent pas finir comme

Solal, que toutes ces circonlocutions pour s'approcher, c'est « vapeur et dentelles recouvrant de la viande » (*Belle du Seigneur*).

Le lien linguistique a beau être virtuel, il crée une relation comme dans les Salons du XVIIIe siècle lorsque s'organisaient des concours de billets doux entre belles marquises et philosophes séducteurs. Aujourd'hui, le passage au réel est souvent différé par peur de la déception et les deux protagonistes s'écrivent nombre de messages avant de se rencontrer dans la *real life*. Leur mémoire culturelle inconsciente sait bien que la « con-versation » est l'art d'amener l'Autre à se « verser » – se tourner – vers (*cum*) celui ou celle qui manie bien les mots. Elle leur rappelle qu'au départ, c'était vers Dieu qu'il s'agissait d'orienter son visage. C'est de ce geste religieux que « conversation » est née, tout comme « conversion ».

Toute vraie séduction est une conversion née d'une conversation.

CONVERSATION CRIMINELLE

Attention toutefois ! Cet aspect divin ne doit pas nous faire zapper une dimension beaucoup plus libertine. Souvent la haute culture fige les intellectuels en esprits sains, très au-dessus des choses du corps, alors que la plupart des hommes de plume furent de grands séducteurs. Naviguer dans le ciel des idées n'exempte pas de redescendre sur la terre des désirs.
Diderot, par exemple, s'intéressa aussi bien à son Encyclopédie qu'au mystère de la sexualité. Son roman *Les Bijoux indiscrets* n'est pas au programme du bac de français – cela est bien dommage, car il contient une idée qui produirait son effet spécial dans les classes : les sexes y parlent ! Pour cet immense intellectuel, doublé d'un grand amoureux, écrire et aimer vont de pair. C'est dans une lettre à sa maîtresse, Sophie Volland, qu'il créa le mot « marivauder ».
En son temps, il était question de « conversation criminelle » pour parler de la relation amoureuse nécessairement adultère. N'oublions pas que Tristan et Iseut, incarnation de la passion, trompent le roi Marc… Comme tous les

couples de la Courtoisie le font : le chevalier servant n'est jamais le seigneur mari. Le cryptage des messages est né de cette situation illégitime. Double sens, allusions, métaphores que seule l'aimée officieuse peut comprendre.
Dans ce langage crypté, qui constitue un des trésors de notre culture, c'est avant tout cela qui est mis en scène : la possibilité qu'ont les mots de tisser un deuxième texte – amoureux, licencieux, libidineux – sous la conversation la plus banale.

3. S'*OUTER* / SE DÉCLARER

S'*OUTER*

Voilà bien un petit bijou sémiologique ! Avec son air d'infinitif en –er bien de chez nous, « s'*outer* » est banalisé comme une voiture de flics. Il ressemble à chanter, manger, baiser. En réalité, bien sûr, il est anglais ou plus exactement *globish*, du nom de ce code planétaire contemporain, dans lequel Byron ou Milton auraient du mal à se reconnaître.

L'expression vient du monde homosexuel californien des années 1970, le *coming-out* y étant – avec l'émergence de la *Gay Pride*, « mouvement de fierté » – l'aveu public de son orientation sexuelle. Le *out* a un côté vaudeville : il s'agit de faire sortir l'amant du placard.

Aujourd'hui « s'outer » signifie : avouer un soir à ses parents ou à sa vieille tante de province qu'Albertine était en fait Albert, puis constater qu'ils ne s'en offusquent guère, ayant vu à la télé nombre de transgenres, ces nouveaux héros de séries.

Devant ce dernier épisode de la révolution des mœurs, avouer son choix d'objet du désir a

perdu de son soufre. Cela ne veut pas dire que les choses sont plus simples. La difficulté n'a fait que changer de forme. S'il est plus facile de parler de son genre, il est de plus en plus difficile d'avouer quels genres de sentiments l'on éprouve.
Il s'agit là d'un acte de langage particulièrement impliquant car il induit la « performativité » des mots : leur aptitude à créer du réel. « Je te désire » peut conduire à un simple passage à l'acte sexuel, tout comme préfigurer le « oui » du mariage. Sur le modèle des inoubliables « Je vous ai compris » ou « J'ai fait un rêve », adressés aux peuples par les tribuns, chaque couple a son énoncé fondateur : les quelques mots qui l'ont fait sortir de la routine et ont provoqué son départ pour Cythère, l'île aux plaisirs de Vénus.

SE DÉCLARER

À côté de cette plasticité de l'*outing*, la « déclaration » classique paraît bien guindée. Elle fait penser à des sujets peu poétiques : déclarer ses revenus ou faire une déclaration à la presse après un conseil des ministres… Quand il faudrait l'employer, la formule ne vient pas : la guerre est revenue sous nos cieux, sans aucune déclaration officielle.

Pourtant, c'est bien de son univers que vient l'expression. L'historien Norbert Elias a appelé « processus de civilisation » ce moment où les chevaliers des cours d'Allemagne, et surtout de France, troquent leurs mots guerriers pour des mots amoureux. Le combat devient doux, l'assaut se fait langoureux. L'humanité fait un grand pas : elle passe de la *libido dominandi* – désir bestial de prendre le pouvoir par la force – vers la *libido carnis* : désir charnel et relationnel. Les mœurs qui étaient brutales comme dans *Game of Thrones* s'adoucissent grâce au langage : règles d'hygiène et de savoir-vivre – ne plus se moucher dans ses doigts et dire bonjour à la dame avant de lui sauter dessus. Simple et fondamentale déclaration qui commença à codifier l'érotisme.

Pour faire cet aveu, l'homme s'agenouille devant sa dame, comme le chevalier devant son seigneur. Il l'assure de sa loyauté ardente, l'érige en place forte impénétrable, la cerne comme une enceinte (de nombreux enfants naturels naquirent de cet amour courtois).

Les Liaisons dangereuses rappelleront qu'une part agressive reste dans la séduction. Valmont a vraiment vaincu madame de Tourvel à l'aide de ses « grandes manœuvres ». Aujourd'hui, l'expression « avoir un plan Q » reprend sans le savoir cette tradition militaire : le plan est celui par lequel les troupes du désir avancent sur le champ de bataille (nom traditionnel du sexe féminin).

Séduire, ou l'Art français de la Guerre.

J'te Kiffe

4. J'TE KIFFE / JE T'AIME

J'TE KIFFE

Le *Dictionnaire des mots français d'origine arabe* écrit par Salah Guemriche est gros. Nombre d'expressions érotiques s'y trouvent. Le lecteur pourra se reporter à la définition dévoilée de l'abricot ou de l'alcôve… L'un des mots arabes les plus intégrés aujourd'hui est « kiffer », mini-mot qui fait le maximum et pourrait bien entrer dans le Bled : je te kiffe, tu me kiffes, Mignonne, allons donc kiffer avec ta rose…

Les parents eux-mêmes se sont approprié cette expression venue du monde de leurs enfants, bien qu'elle concerne une drogue cultivée dans le Rif ou l'Atlas.

Il faut dire que cette substance peut donner parfois l'audace de draguer. Dans ce cas, « J'te kiffe » est bien pratique : elle fournit une version atténuée du « Je t'aime ». Elle permet de jouer avec son éventualité, de la tester, de la proposer en douceur et avec le sourire de l'ironie.

Kiffer ou être kiffé/e, c'est se déclarer sans s'engager, demander sans trop craindre la réponse.

Comme me l'a dit récemment mon fils s'initiant à cette obligation encore semble-t-il masculine : c'est faire comprendre qu'on veut la pelle sans le râteau…
C'est en fait bénéficier des joies de l'euphémisme. Dire le peu pour faire comprendre le plus. Chimène le savait bien quand elle déclara à Rodrigue : « Va, je ne te hais point. » Nul doute d'ailleurs que celui-ci ait kiffé…

JE T'AIME

La formule du « Je t'aime », en revanche, est fort solennelle. Aujourd'hui tout au moins car dans la langue traditionnelle on la prononçait à tout bout de champ. Dans le théâtre du XVIIIe siècle, elle virevolte comme une porte qui claque. S'aimer, c'est se plaire, se désirer, s'amuser. Arlequin a pris les habits de son maître Dorante, et Sylvia, s'y trompant, l'assure assez vite qu'elle va l'aimer… On est plus près d'une comédie de Woody Allen dans laquelle tout le monde se dit : *I love you*, que dans la déclaration devant monsieur le maire.

Je t'aime

C'est plus tard, avec le mariage sentimental apporté paradoxalement par la libération des mœurs, au XXe siècle, que la formule prend du poids. L'époque *Peace & Love* veut l'amour à la fois libre et romantique. Jean-Luc Godard, cinéaste inspiré de ce moment historique, fit, paraît-il, passer ce billet doux à Anna Karina, qu'il voyait pour la première fois dans un dîner de professionnels de leur profession, et à qui il n'avait osé adresser la parole : « Je vous aime, venez me rejoindre dans ma chambre à minuit. » Ce qu'elle fit…

Au cœur de ces années-là, l'amoureux romantique Roland Barthes remarqua un paradoxe. Dans la société permissive, ce n'est pas le sexe qui est sulfureux, c'est le sentiment. Certains grands séducteurs, certaines grandes jouisseuses ne peuvent faire sortir de leur bouche cet *amen* sentimental qu'est le « Je t'aime ». Débattre, manifester, rigoler, chanter, baiser, oui. Proférer cette déclaration, non.

C'est que « je t'aime » en appelle à la toute-puissance de l'Autre : sa réponse est attendue en retour comme celle d'un dieu. Si le « moi aussi » arrive, alors s'établit le nouveau cadre de la

relation. Nous nous plaisions, maintenant nous allons nous aimer.
Comme le christique « lève-toi et marche », la minuscule parole peut créer de grandes choses.
Lourde charge pour sept petites lettres et une seule apostrophe…

5. RESPECT / GALANTERIE

RESPECT

« Respect » est un terme générique et sacro-saint qui, dans notre société fragmentée, apparaît comme le sésame de toute bonne relation. Là pour adoucir les mœurs, il est la petite musique sentimentale et normative qui nous est serinée.
« Respect ! » est demandé par le prolétaire au bourgeois, l'homme de la banlieue au membre de l'élite, et du coup la femme à l'homme – et vice versa.
Il est lié foncièrement au sentiment religieux. *Re-spectare*, c'est regarder Dieu en faisant un pas en arrière en signe de soumission.
Quand la violence sexuelle s'exerce aujourd'hui, dans un monde qui devrait en être débarrassé comme de la poliomyélite ou de la rage, c'est ce respect immémorial qui est brandi. Il remet un tabou indispensable – littéralement une limite sacrée – sur l'être concerné : la femme seule dans un parking à trois heures du matin, l'enfant innocent, l'homme qui ne s'est pas méfié d'un groupe de hooligans avinés, la personne âgée victime des effets secondaires d'un traite-

ment anti-Alzheimer. Il rappelle que, dans une société de consommation hédoniste, l'impératif de jouissance individuelle doit avoir une butée. Sa nécessité ne doit toutefois pas nous faire oublier qu'il introduit une « pudibondieuserie » dont se sont toujours moqués les bons auteurs. Rabelais et sa Gargamelle, fille du roi des Parpaillots, qui préférait faire la « bête à deux dos » qu'aller à la messe ; Verlaine et ses aspersions d'eau bénite ; Baudelaire et ses grands encensoirs…

Comme si tous nous conseillaient de ne pas trop respecter le respect…

GALANTERIE

Une bonne limite consisterait à dire au « respect » qu'il cesse de cacher la « galanterie ». Considérée par le féminisme des grandes années comme un « sexisme inversé », selon la formule de Simone de Beauvoir, elle est aujourd'hui mièvre comme une goutte d'alcool de menthe sur un mouchoir de batiste. Tenir la porte à une dame se faisait il y a très longtemps : au XXe siècle.

Il est donc grand temps de ré-énergiser un peu le galant en lui rappelant que, à l'origine, il est un gaillard. Belle équivalence établie par les Vikings à l'aide d'un même étymon – *gala / wala* – signifiant en vieil allemand : « être bien » (*well* en anglais) *and so on*, être de bonne humeur, avoir envie de voyager, ouvert aux rencontres, disposé à draguer en chemin…
Le rôle des Français fut de rendre le mot mixte. Brantôme, sorte de journaliste des mœurs qui vivait en Touraine au XVIe siècle, s'en est fait le témoin scrupuleux. Dans ses mémoires, *Vies des dames galantes*, il dit tout de ces joyeuses drilles : celles qui font leurs maris cocus avec le palefrenier, celles qui, bien que très vieilles (veuves à trente ans), se consolent avec des voyageurs de passage, celles qui font rimer « fesses » avec « confesse », ou encore celles qui demandent de drôles de soins à leurs médecins et leurs caméristes… Dans ces pages d'histoire essentielle, tout un beau monde, hommes et femmes mélangés, s'amuse avec le sexe récréatif – que certains pensent inventer aujourd'hui, alors que le jeu est l'un des grands vocabulaires traditionnels de l'amour.

« Fête galante » fut inventé pour les tableaux de Watteau, notamment son *Embarquement pour Cythère*. Puis Verlaine s'en fit le commissaire d'exposition un peu spécial. Avec lui, aucun doute sur ce qu'étaient la lune et le gaillard jaillissement des jets d'eau.
Autant « respect » développe une vision religieuse et sacralisante, autant « galanterie » est licencieuse et jouisseuse. La culture française est l'art de balancer entre les deux.

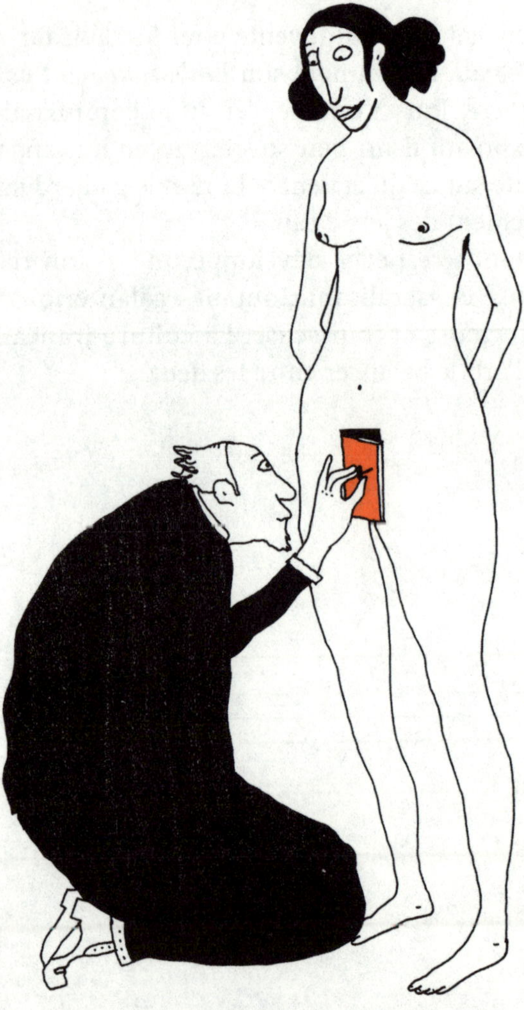

ARS EROTICA 3

LES PRÉLIMINAIRES

I. LES PRÉLIMINAIRES / LES FRUITS ET LÉGUMES

LES PRÉLIMINAIRES

La gestion des préliminaires est la grande affaire des sexologues.
Officiellement, ils défendent une belle tradition sentimentale. Le *limen* est à l'origine le seuil de la maison. L'époux le fait franchir à la jeune mariée en la portant pour la préparer à ce qui l'attend : le franchissement de l'*hymen*, fin voile qui barre encore l'accès à son intimité.
Officieusement, les conseils sexologiques tentent de rendre érogène toute la zone de la prépa qui chez certains est précipitée : travail avant la récompense, bachotage, vérification des pré-requis, comptage des bons outils… Ils appuient sur ce que leurs collègues en bricolage, jardinage ou cuisinage disent aussi de leur côté : bienfaits de l'apprentissage technique.
Effectivement, ils ouvrent de nouveaux segments commerciaux. Toutes sortes de nouveaux produits sont désormais proposés en supermarchés : bougies aphrodisiaques,

onguents coquins, lingeries libertines… Sans compter les préservatifs, à tous les parfums comme les yaourts, que l'on peut observer à loisir lorsqu'on fait la queue à la caisse.

LES FRUITS ET LÉGUMES

Pour ceux qui craindraient que toute cette nouvelle attention au pré-coït n'entrave leur passage à l'acte, de nombreux synonymes sont disponibles. Les préliminaires, les « bagatelles de la porte », ont inspiré de très nombreuses formules.
L'une d'elles est particulièrement utile pour qui voudrait s'amuser à détourner un peu les nouveaux diktats, par exemple ceux de la nouvelle religion végétarienne. « Mangez cinq fruits et légumes par jour », nous répète-t-on *ad libitum*. Faire les fruits et légumes, est beaucoup plus simple… Il suffit de se grignoter la poire, de se lécher la figue, de s'éplucher le concombre… Le lecteur fera son marché bio-coquin en fonction des saisons et des modes… Libre à lui de détourner polissonnement (bel adverbe

à réhabiliter !) le topinambour et le chou kale que les actrices hollywoodiennes reconverties dans l'agriculture urbaine nous prescrivent… Il pourra aussi améliorer de quelques mesures de champagne les nouveaux jus détox prônés en apéritifs (littéralement « ce qui ouvre »).
Envisager ces chosettes avant la chose console un peu de ce qu'aucun verbe ne se soit développé à partir du substantif fruit. Contrairement à nos cousins espagnols, nous ne pouvons pas dire que nous nous *disfruitons* de la peau de pêche de quelqu'un ou de l'odeur de vanille de quelqu'une.
Mais peut-être n'est il pas trop tard pour proposer à l'Académie un beau « fruire », tout gorgé de soleil…

2. BOOSTER SA LIBIDO / ENTRETENIR SON AIMANCE

BOOSTER SA LIBIDO

Est-ce parce qu'elle rime avec abdos ou mal au dos ? la libido est devenue une sorte d'organe supplémentaire… En notre corps, elle monte et descend, se muscle ou s'avachit, disparaît par moments et son retour est toujours une occasion de se réjouir. La sexologie a récupéré avec elle l'un des concepts fondateurs de la psychanalyse et l'a robotisé – à lire certains conseils pratiques, on pense qu'a été même inventée la *libidomestique*.
Comme les urines du bien-portant, elle est claire. Comme la mémoire de la personne jeune, elle est vive. Ses mystères inconscients, ses hésitations ou ses craintes ne semblent plus intéressants. Ce qui compte, c'est de l'allumer comme un moteur de fusée avec le verbe *to boost* qui vient de la NASA…
Ainsi boostée, la libido s'éloigne de Freud, qui la voyait surtout comme la star fantasque d'une « autre scène ». Les hommes de l'Antiquité

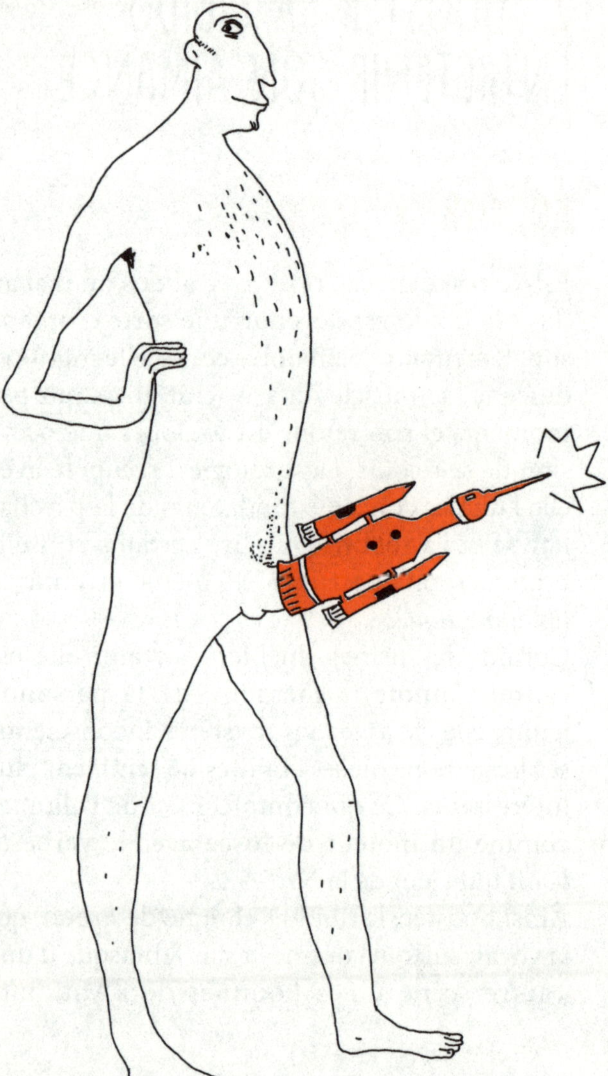

savaient déjà qu'elle était de la même famille que « lubie », créée comme elle sur le verbe impersonnel *libet* : « il me plaît ».
Rien d'étonnant à ce qu'avant le père de la psychanalyse, les Pères de l'Église, notamment saint Augustin, aient voulu la penser / classer. *Libido dominandi* : désir de dominer, *libido sciendi* : désir de comprendre… Petit paradoxe culturel, c'est le puritain Calvin qui le premier parla de *libido carnis* : désir de la chair. On ne veut limiter que ce qu'on connaît bien.

ENTRETENIR SON AIMANCE

Avant la libido, il était question d'« aimance », mot qui paraît bien suranné mais qui pourrait faire un retour vintage. Il rejoindrait alors d'autres mots en –ance, que l'époque a remis au goût du jour. Dans la langue politique en particulier. On y parle d'espérance et non d'espoir. De gouvernance et non de gouvernement. De souffrance et non d'aliénation. Est-ce parce que nous habitons en France ?
L'aimance pourrait aujourd'hui être réhabilitée

car elle vient d'une action concrète : deux êtres s'aimantent dès qu'ils se voient ou s'entendent. Ils sont des aimants avant d'être des amants.
En psychologie profonde, l'aimance désigne la toute première forme d'attachement éprouvée par l'être humain : aimantation au corps de la mère, creuset de toutes les formes d'amour qui se développeront par la suite. Sans aimance, l'humanité sombre dans le narcissisme, repliée sur elle-même. Une amibe sans objet, pour reprendre la métaphore freudienne.
L'aimance est donc une sensation intérieure qui, depuis l'intimité profonde, s'étend vers l'extérieur, intéressée par l'Autre plus que par elle-même. Elle traduit une forme de curiosité originelle. Entretenir son aimance pour quelqu'un c'est, en ce sens, continuer à aimer le monde à travers lui.

3. S'ENTRAÎNER AU MONOSEXE / SE GALIMARDISER

S'ENTRAÎNER AU MONOSEXE

Les sites féminins ont présenté récemment à leurs amies numériques le « monosexe ». Évoquant un nouveau vêtement, un dernier accessoire à la mode, le mot a aussitôt fait fleurir des images de vacances. Moderne, il a déclassé les vieilles pratiques : ski sur deux planches, maillot deux pièces, amour à deux.
Son nom traditionnel bien sûr est l'onanisme ou, comme disait Casanova – qui écrivait en français –, la *manustupration* – mot-valise capable de ranger ensemble le stupre et l'artisanat.
« Fête égoïste » pour Michel Leiris, « faire menotte » pour Apollinaire, le plaisir solitaire a connu ces dernières années un retournement historique. Autant il a été condamné par la médecine classique – accusé de rendre sourd par le célèbre docteur Tissot au XVIIIe siècle –, autant il est aujourd'hui recommandé par l'Académie des sciences sexologiques.
Les femmes, supposées très en retard par rap-

port à leurs compagnons, doivent s'y mettre. Selon les nouveaux Trissotin de la chair, elles se doivent de préparer leur corps. Ces auto-préliminaires, ces *selfies*-sexy font d'ailleurs soupçonner une certaine paresse masculine. Comme si, sous les avis d'experts, on pouvait entendre : « Mesdames, occupez-vous toutes seules des phases préparatoires, le champion n'arrivera que pour la finale. »

SE GALIMARDISER

Si quelques lectrices soupçonnent cette éventualité, qu'elles se penchent sur un autre mot, rare, et venu du monde de la peinture. Dans les années 50 du XIXe siècle, un certain monsieur Galimard, avec un seul l et un bon coup de « pinceau » (premier sens du mot « pénis »), commet un passage à l'acte spectaculaire. Spécialiste des saintes extatiques destinées à s'ennuyer dans l'ombre humide des églises, il change soudain de genre.

Le voilà qui peint une magnifique Léda, célèbre jouisseuse poursuivie par Zeus, lequel se trans-

forme en cygne pour mieux la posséder. Dans les contes de fées pour petites filles, il suffit à la belle d'embrasser le prince des canards pour le transformer en mari parfait, comme dans *Fifty Shades of Grey*, mais la Léda de Nicolas-Auguste Galimard n'a pas de ces pudeurs. Elle reçoit son cygne comme la mystique le signe, tous deux venus du Très-Haut. La scène est à la fois tranquille et torride.

Au Salon de 1855, c'est le scandale ! Surtout, d'ailleurs, pour la façon qu'a Léda de caresser de sa main gauche les glands du chêne sous lequel elle s'est sensuellement allongée.

Contre trop de censure, les bons critiques créent alors un mot codé : pour eux, la belle mortelle s'est immortalisée – envoyée au septième ciel – en se *galimardisant* toute seule.

Le tableau fut refusé, mais Napoléon III, charmé, l'acheta.

4. PRATIQUER LE SEXE ORAL / FEUILLETER LES LÈVRES

PRATIQUER LE SEXE ORAL

Les préliminaires sont recommandés par les gourmets de la chose, comme les mises en bouche du menu-dégustation gastronomique. Après la vue et le toucher, le goût est au centre de la troisième séquence sexuelle de l'*ars erotica.* La bouche est aux premières loges de ce passage aux caresses rapprochées.

En latin existaient deux mots pour la désigner : la *bucca* et l'*os*, *oris* : un mot plus noble. Il apporte au visage une oralité déjà symbolique, qui va au-delà du besoin alimentaire. La *bucca* mangeait, l'*os* parlait et priait. Merveille du corps humain, un même organe peut y faire deux choses opposées : l'une de plain-pied dans la nature, l'autre au cœur de la culture.

Oral a gardé quelques traces de ce passé (« passer le grand oral de Sciences-Po »), mais une métonymie a disparu : celle qui avait créé les *oscula*, petits baisers-paroles que les amants s'échangent avant de passer à l'acte.

« Pratiquer l'osculing » ou inventer une pratique comme l'« oscula-yoga »… aurait plus d'allure. Serait plus fidèle au mélange de l'oral et de l'écrit que porte ce talent spécifique que seule possède l'humanité…

FEUILLETER LES LÈVRES

La langue classique a déjà eu cette idée, soyons modestes. L'éventualité que les mots, tout autant que les mains ou la bouche, puissent caresser est une figure ancestrale. Le corps a depuis longtemps été vu comme un grand texte que l'amoureux ou l'amoureuse déchiffre, découpe en chapitres, relit à son gré.
De ce point de vue, la proposition murmurée dans les salons ou les jardins lors des jeux de colin-maillard : « Belle amie, j'aimerais feuilleter vos lèvres » est explicite dans son ambiguïté.
Si la femme est un livre, l'amant est un poète capable de tout : la transformation qu'il opère, de l'organique en linguistique, reprend ce talent prêté à Dieu, considéré par les premiers chrétiens comme le grand lecteur du livre de l'Univers.

Si l'érotisme, reprenant Octavio Paz, est bien l'art de poétiser le corps, le prosaïque sexe oral peut alors devenir poème. Ce qu'a bien prouvé Verlaine dans les premières strophes de « Séguidille » (*Parallèlement*) : « Je te veux presque nue / À travers une nue / De dentelles montrant / Ta chair où va courant / Ma bouche délirante. »

5. TROUBLES ÉRECTILES / TIGE VIRIDE

TROUBLES ÉRECTILES

Si un gentilhomme du XVIe siècle revenait aujourd'hui, quand on lui parlerait à la radio de « troubles érectiles », il penserait qu'une belle jeune femme passant dans la rue a provoqué sur le corps masculin une réaction immédiate et joyeuse. Galant troublé par la beauté.
S'il voyait les statistiques, son trouble augmenterait, mais il serait d'un autre ordre.
Les chiffres de la consommation des médicaments de type Viagra font souvent la une. Comme ceux du chômage ou de la criminalité, ils sont en hausse. Et cela, non seulement dans les régions peuplées de retraités, mais aussi dans les mégalopoles où vivent les jeunes actifs soumis aux catégoriques impératifs de la performance. Au XXIe siècle, l'idée que la grande faculté masculine puisse connaître des hauts et des bas semble moins acceptable que jamais.
Malgré la féminisation des mœurs, une image primale prime toujours. Se tenir droit, rester

solide dans les temps troublés, reste un idéal-type. C'est le geste de la perfection physique et psychologique que montraient les dieux olympiens, puis les héros du génie républicain.
Encore aujourd'hui, imperturbables, devant l'école ou la mairie, ces statues solennelles constituent au sens premier des érections monumentales : preuves qu'à propos de certaines choses, l'ordre de la métaphore ne peut pas s'atteindre.

TIGE VIRIDE

Certains esprits poétiques ont depuis longtemps tenté de décrire dans un autre vocabulaire la fameuse faculté érectile.
Rimbaud fut de ceux-là, et à propos de la manière dont le désir masculin s'incarne, il créa une image à la fois végétale et vigoureuse (il nommait le sperme « vin de vigueur »). L'auteur du *Bateau ivre* voyait ce mécanisme comme la transformation de son sexe en tige viride.
Il jouait en cela sur la proximité sonore entre la *virilitas* et la *viriditas*. Cette dernière, que

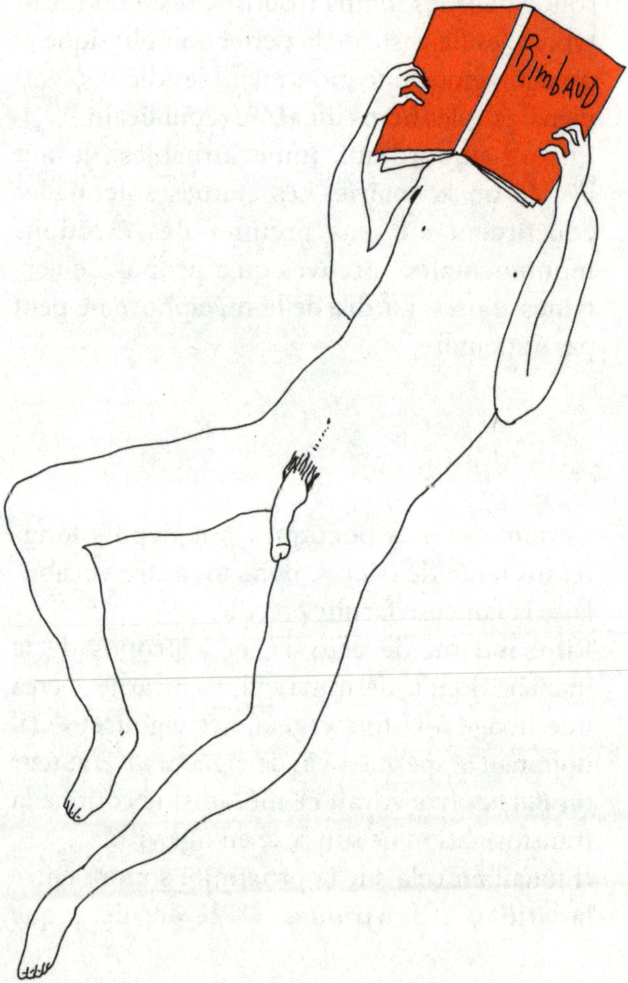
Rimbaud

l'on pourrait traduire par « fraîche verdeur », fut créée dans les années 50 du XIIe siècle par une drôle de nonne allemande : Hildegarde de Bingen. Bien connue aujourd'hui pour sa science des simples, elle écrivait alors en latin des poèmes érotiques, ce qui se sait moins.

Elle avait compris – et Rimbaud l'éprouverait sept siècles plus tard – que la *vis* était la force même du désir : l'Éros vital, la pulsion de vie. Avec ce même tronc sémantique, elle fit partir deux branches : la *virilitas* qui envoie les hommes dans l'armée (les « virils » sont les hommes de troupe) et la *viriditas* qui les met dans la nature : une nature printanière et désirante. La sève y monte le long de toutes les tiges…

Depuis ce cœur médiéval, et à chaque saison des amours, belles plantes et bourgeons frétillants semblent dire : Messieurs, au lieu de prendre du Viagra, cultivez votre viridité en relisant les bons auteurs.

6. DEVENIR UNE FEMME FONTAINE / MENER SON POULAIN À LA FONTAINE

DEVENIR UNE FEMME FONTAINE

Le sexe est un bon indicateur des variations saisonnières. Beaucoup plus sûr que la météo, dans un moment de détraquage du climat ; infiniment plus convaincant que les prévisions des économistes, toujours contredites par la consommation réelle.

Il faut dire qu'il n'est pas toujours facile de lire l'évolution des mœurs tant elle est créatrice d'effets inattendus. Libérées hier, les femmes seraient aujourd'hui prisonnières de doubles contraintes : elles doivent être séduisantes ET intelligentes ne pouvant plus – confort merveilleux ! – être de ravissantes idiotes ou des bas-bleus repoussants. Quant aux hommes, parfumés et épilés, ils affronteraient une double pénétration des esprits féminins, en attente de la belle érection ET du doux sex-boy pelucheux…

C'est que le sexe est toujours censé incarner le progrès. Il faudrait le moderniser un peu plus chaque semaine comme nos téléphones ou nos robots domestiques. La Chose est toujours sommée de représenter notre avenir radieux. C'est ainsi que la célèbre phrase de Simone de Beauvoir est parfois traduite dans la rubrique sexo des magazines féminins par un impératif : « On ne naît pas femme fontaine, on le devient… » Encore un effort, mesdames les Françaises et vous lancerez vos javelots (sens étymologique d'« éjaculer ») comme les hommes.

MENER SON POULAIN À LA FONTAINE

Le phénomène repose pourtant sur une métonymie traditionnelle, qui n'est ni sportive ni chasseresse. La femme et la fontaine sont associées comme l'arbre et le fruit depuis la nuit des temps. Comme le disait Gaston Bachelard, toute eau est un lait, onctueux, généreux, assurant la perpétuation de l'espèce. Et elles ont été nombreuses, depuis le Moyen Âge, à faire le pèlerinage à La Mecque des fontaines départementales ; à s'asseoir sur la margelle d'un puits pour être sûres de trouver un mari ; à se laisser baptiser une deuxième fois par le curé ou la sage-femme pour avoir l'assurance de procréer. Dans ces conditions, il ne fut pas difficile aux auteurs de fabliaux de se moquer. Les pures vierges y sont souvent d'audacieuses initiatrices. L'une d'elles, princesse au petit pois sexualisée, avait décidé de perdre sa pureté tout en gardant sa dignité. Pas facile ! Pour cela, elle exigea un peu de langage : elle épouserait celui qui serait capable de parler de son corps à l'aide de belles images de mots…

Parmi tous les prétendants du royaume, un seul s'en montra capable. Au lieu de lui parler de « foutre », mot qu'elle ne pouvait entendre sans pousser des cris offusqués, il inventa que le poulain assoiffé qu'il avait entre les jambes n'en pouvait plus, qu'encadré par ses deux palefreniers, il avait grand désir de se désaltérer, et peut-être plus si affinités… Le oui féminin ne tarda pas à tomber, avec les dernières préventions : « Amène boire ton poulain à ma fontaine », dit la belle en écartant les cuisses.

L'épisode vaut pour preuve que toute femme

gratifiée des bonnes images était, est et sera : fontaine, source, grotte ruisselante, rosée du soir ou du matin, huître graveleuse (sortant de l'eau salée), la liste est ouverte…

7. AVOIR UNE PARAPHILIE / ÊTRE DE SODOME

AVOIR UNE PARAPHILIE

Préliminaires des préliminaires, l'aveu de ses préférences sexuelles peut faire l'objet d'une première conversation virtuelle. Grâce à l'ubérisation de la vie et aux algorithmes, le vieil adage « Qui se ressemble s'assemble » prendra effet. Le masochiste trouvera sa sadique, l'hystérique son asexuel… Sur la page d'accueil du site porno comme dans le grand dictionnaire international de la psychiatrie, le DSM (*Diagnostic and Statistical Manual of Mental Disorders*), un monde de la consommation affinitaire s'est ouvert. Tous les goûts (*philia*) sont dans la nature et posés (*para*) les uns à côté des autres : la « paraphilie » est le nouveau concept des psychiatres pour décrire la déviance sexuelle.
Du traditionnel fétichiste à la nouvelle amoureuse des arbres (dendrophile), de celle qui ne peut jouir que par les chatouilles (knismophile) à celui qui doit se faire fouetter, tout y passe, le document est gros. Pour se définir, l'individu

actuel n'aura donc aucun mal et ne se sentira pas coupable – double victoire de la modernité. S'il est à court d'arguments pour nourrir son profil sur le site de rencontre, il pourra piocher des idées et choisira – comme à d'autres moments, le yoga, le Pilates ou le surf méditatif – sa paraphilie de l'été.
En revanche, s'il se sent ou se sait pervers, il sera perdu. Ce vieux concept freudien a disparu ! La diversité des options sexuelles est donc rassurante dans un premier temps, puis, dans un deuxième, amène à se demander avec un peu d'inquiétude si, quand tout est normal, tout n'est pas psychiatrique…

ÊTRE DE SODOME

Ce listage en forme de lissage donne envie de ressusciter Verlaine pour son plaidoyer en faveur du soufre. Au procès qui lui fut intenté pour avoir tiré au revolver sur son jeune amant, Arthur Rimbaud, un deuxième grief aggrava son crime. « Et de plus vous êtes sodomiste ! » lui asséna le procureur, le renvoyant à une catégorie gérée à l'époque par les aliénistes.

« Non ! » clama le génial poète, rappelant qu'il lui restait les mots contre les lois injustes et la souffrance amoureuse. Vivant l'une des pires situations de sa vie, il eut tout de même la présence d'esprit de faire une petite leçon d'étymologie : « Il faut dire "sodomite" comme "israélite", monsieur le Président. Car l'on est de Sodome comme l'on est d'Israël. »
Superbe néologisme en forme de rappel culturel, qui dit bien que le désir fait encourir parfois la colère de Dieu et de ses saints. Aucun choix n'est innocent. Si le puritanisme, comme disent certains, revient actuellement menacer la culture européenne, spécialement française, c'est bien en cela…
Être puritain, ce n'est pas voir le Mal partout (ça, c'est être pudibond), mais voir le Bien. Vouloir que tout soit classable, gérable, soignable…

ARS EROTICA 4

L'ACTE D'AMOUR

I. FAIRE L'AMOUR / BESOGNER

FAIRE L'AMOUR

La comparaison entre le vocabulaire amoureux d'hier et celui d'aujourd'hui est souvent favorable au premier. Déclarer sa flamme ou conter fleurette sont tout de même plus jolis que serrer une meuf ou pécho un gars… Raison de plus pour saisir l'occasion de défendre un peu le quotidien actuel.

Dans notre banal « faire l'amour », le mot « amour » porte en lui une charge poétique inoxydable qui se maintient, même quand il est dans le pré médiatique – le « pré » désignant, il est vrai, jusque dans les années 1568, le sexe féminin.

« Amour » est amphibologique, capable de nager dans les eaux troubles du désir comme sur la terre ferme des relations familiales : ce chérubin qui vient de naître, quel amour ! Il peut désigner les joies de la chair aussi bien que celles de l'attachement platonique. C'est tout de même l'amour que le christianisme a historiquement ajouté à la loi hébraïque…

Enfin, notre « faire l'amour », certes un peu tâcheron, reste moins direct que *to have sex*… Peut-être un jour dirons-nous que nous avons du sexe et faisons de l'argent, mais pour le moment, c'est encore l'inverse… Profitons-en.

BESOGNER

La première version de « faire l'amour » était « faire le faire », degré zéro de l'imagination érotique…
Avant 1789, le petit peuple de Paris se lavait dans la Seine et vivait tout naturellement ses ébats sur ses berges, ou dans les buissons des toutes nouvelles Tuileries… Sachant que les nobles forniquaient à Versailles, artisans et boutiquiers accomplissaient leur propre besogne dans leur propre vocabulaire. Tous les corps de métiers y sont passés : limer, astiquer, trimer, biseauter son mari, trueller sa femme et même travailler la vigne de son amant, ou usiner sa maîtresse…
Les Français n'ont donc pas attendu les sexologues américains pour voir l'amour comme une

besogne. *Bi-sunnia* désignait déjà en francique – cette source saxonne du français – le soin qu'il fallait prendre des choses. Par exemple, de sa monture quand on était chevalier.
Le préfixe *bi* n'y indiquait pas que ce soin revenait deux fois par jour ; ni qu'il devait être équitable entre la part féminine et la part masculine de chaque personne. Il représentait le fait que l'action sexuelle se déroulait dans une zone érogène proche, commode, facile : amour au coin de la rue. Le *bi* avait le même sens que dans « bivouac »…

2. LA NIQUE / LA FORNICATION

LA NIQUE

Il a beau s'écrire parfois avec un K, pour se donner un air moderne, comme « kiffer », le verbe « niker » n'est pas arabe… Il est de souche, et de souche fort ancienne puisqu'on le repère au XIIIe siècle où il exprime une forme de moquerie, venue du verbe latin *negare* : nier quelqu'un, lui faire la nique, le prendre pour un niquedouille, un nigaud.

Par la suite, sur les trottoirs du XVIIIe siècle, « niquer » se dit quand les philosophes préparent la Révolution, en utilisant leurs lumières aux dés ou aux échecs pour piquer leur fric à ces badauds un peu niais qui ont les bourses pleines : les premiers bourgeois français.

Le rap du début des années 1990, donne son heure de gloire au mot ; avec le célèbre groupe NTM (Nique ta mère), dont les deux chanteurs ont une passion pour l'argot des faubourgs : fais la nique à ta daronne en lui piquant le peu de flouze qu'elle a dans son sac…

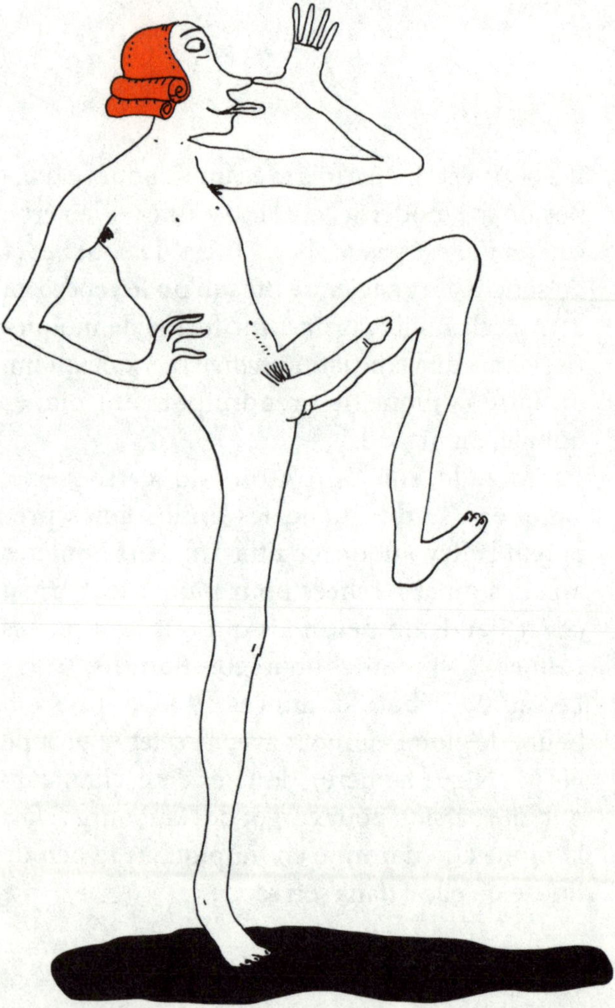

Aujourd'hui, « niquer » s'est inscrit dans le langage sexuel. Il y garde ce côté infantile et rieur. Qu'il soit employé en voix passive ou voix active, il appartient au registre du Jeu, l'un des quatre grands lexiques amoureux, avec le Travail, la Guerre ou le Voyage.
Peut-être allons-nous assister à une reprise des toutes premières chansons qui ont inventé ce ludisme poétique. Par exemple, celle écrite vers 1620 par le très moderne Théophile de Viau (libertin, bisexuel, protestant !) juste avant son arrestation par la police :

> « Avance cette main d'albâtre,
> Fais semblant de me rebuter ;
> J'essayerai de te lutter.
> Ainsi savants à nous ébattre
> Nous ferons envier les dieux,
> Mais mon vit leur fera la nique :
> Je le ferai cracher aux cieux,
> Et tu me branleras la pique ! »

LA FORNICATION

Quand nous parlons encore de « forniquer », nous oublions de l'associer à ce ludisme sexuel, et faisons passer aux oubliettes de l'Histoire toutes sortes de variantes de notre *Kamasutra* verbal : jeu du poussavent, jeu du corbillon, jeu des cuisses ou des échines… Sans oublier le jeu de l'omelette, consistant à appliquer sur les fesses de l'homme impuissant une sorte de tortilla brûlante, ancêtre du Viagra.

C'est que, en la matière, les choses ont pris depuis le XVIIe siècle un tour beaucoup plus sévère. Même si Boileau et Bossuet avaient trop peu d'imagination pour le nommer, ils inventèrent une sorte de « Fornicator », double inversé d'eux-mêmes et du coup anti-héros à la française. Avec les grèves et les crottes de chiens sur les trottoirs, il fait désormais partie, aux yeux de CNN et du monde entier, des spécialités françaises – l'affaire DSK y fut largement contributive…

Or, la notion est beaucoup plus sérieuse, nous devons le rappeler à ceux qui ne voient jamais notre côté travailleur et puritain. La « fornica-

tion » est sagement artisanale. Elle est liée au *fornix*, la voûte du fournil. Juste à côté du four du boulanger, se tient celle qui exerce le plus vieux métier du monde et vend ses charmes, comme d'autres leur pain ou leur fromage.
Elle accomplit la besogne pour quelques sous, et lui apporte certaines variantes commerciales, que l'époux consciencieux ramènera à la maison. Comme une baguette à l'épeautre, ou au sésame, ou au gingembre, pour changer de la quotidienne « tradi ». Forniquer glissera toujours un petit grain de fantaisie au cœur de l'austère devoir conjugal.

3. BAISER / BAISER

BAISER

« On n'est pas des Bisounours… » « Vous allez peut-être me trouver Bisounours… » L'expression revient souvent dans le monde contemporain, si violent, si cynique. Résistons-nous ainsi à la noirceur ambiante en restant de vieux enfants ? D'éternels adulescents ? Plus aucune réunion de travail qui ne commence sans la cérémonie des baisers sur la joue. Pas une de nos conversations téléphoniques qui ne se termine par « Bisou ! », comme elle l'était naguère par « Salut ! », et autrefois par « Adieu ! ».
Le courant « Adieu madame, je vous baise » de Benjamin Constant à madame de Staël pourrait se traduire en 2017 : « À plus, bizbizzzzz… » Avec ce Z final comme dans buzz, un Z qui a remplacé le X des anciens films porno, désormais en vente très libre.
L'oralisation de nos sociétés – musique permanente, cordon ombilical sonore, bracelet électronique du « t'es où ? » braillé par nos smartphones – a installé le règne de la parole hypocoristique : celle qui imite le babil

mère-enfant. Typiquement : « quenotte » au lieu de dent, « menotte » au lieu de main, « zizi » au lieu de « sexe »…

Mais l'enfantin n'est pas l'infantile – définition de l'inconscient selon le docteur Freud – et le mot « baiser » se doit par moments de passer à l'âge adulte – et s'il le faut à l'adultère. Baiser n'est pas jouer à l'innocence. C'est défendre Éros contre Thanatos. Ce qu'ont fait tant de grands penseurs et de grands poètes.

Le lecteur est sceptique ? Mais que fait-il alors des connotations sexuelles de tant de grandes notions : « *libido sciendi* » de saint Augustin, « chair du monde » de Merleau-Ponty, « caresse » de Levinas ? Et surtout « *conatus* » de Spinoza ?…

BAISER

Poser ses lèvres sur les lèvres ou la peau de quelqu'un ne se dit pas en français : « osculer », à partir de l'*osculum*, ce petit bisou dans le cou, que les Américains appellent aujourd'hui *necking*.

C'est que les mots, comme les humains, vivent de terribles concurrences. Quand ils sont deux pour le même positionnement, ça flingue. *Basium* a tué *osculum* ! Et le gentil Catulle n'y est pas pour rien. Un de ses poèmes d'amuuur, à l'époque aussi chanté qu'un tube des années 1960 sur les plages italiennes, supplie sa Lesbie de lui « *dare mille basia, deinde centum* »... Ce qui fut traduit à l'époque de Ronsard par : « Baise-moi mille fois, et puis encor' cent fois... »

La vie des mots est cruelle, et à son tour « baiser » fut éliminé par « embrasser ». Cette fois, c'est probablement Molière avec le « baiserai-je, mon père ? » du *Malade imaginaire*, qui contribua à ce petit remplacement. Moment de farce quand Thomas Diafoirus pose cette question à Argan à propos de sa fille Angélique.

Plus chaste, « embrasser » peut ouvrir les sens religieux (embrasser le Saint-Suaire). Remarquons tout de même que, à ce jour, personne n'a dressé de liste des embrassades, alors que la liste des baisers est délicieuse et délictueuse (pardon pour le pléonasme) : baiser à la colombe, baiser à la langue confite, baiser papil-

lon, baiser praliné, baiser à la persane, baiser à l'hameçon, baiser bec à bec…
Liste infinie : baisers puissance X.

4. SEXUALITÉ / GAI SAVOIR

SEXUALITÉ

Contrairement au « culte de Vénus », aux « choses de l'amour », aux « joies de la chair » ou à l'« affaire des affaires », la sexualité est récente… Elle est créée par les scientifiques au moment où la biologie émerge de la première révolution industrielle. La pensée scientiste du début du XXe siècle, qui observe et classe, fait son œuvre. Le sexe, déjà fondé sur l'idée de séparer (*sectare*) les espèces en mâles et femelles, crée carrément une spécialité médicale : la sexologie, art du rangement.

Adam et Ève sémantiques, « homosexualité » et « hétérosexualité », les deux mots-souches de cette époque, sont créés. Ils ont aujourd'hui de nombreux descendants. Deux sont bien connus des médias. L'« asexualité » est en vogue chez ceux dont les parents ont fait la révolution sexuelle et trouvent le sexe ringard. La « pan-sexualité » est la dernière trouvaille des *people* hollywoodiens. Plus que le dieu Pan, cool naturiste assez pépère, le *pan* est ici le « tout »

grec, emblème de notre époque qui préfère l'expansion du moi à la transgression de la loi.
Il sera probablement de plus en plus demandé à l'individu de déclarer non pas son sexe car – c'est là que s'est nichée la liberté et il peut changer d'option au cours de sa vie – mais sa sexualité, au sens d'ensemble de pratiques dignes de figurer sur son CV avec ses diplômes, ses hobbies, ses usages algorithmables…
Aucun doute : si sexe fait penser à texte, sexualité est de la même famille qu'identité, nationalité, capabilité, employabilité…

GAI SAVOIR

Fort heureusement, le scientisme lui-même peut être détourné, et les machines à ficher nos désirs, déréglées. Les jeux de langage sont un bon moyen de le faire. Malmené par Lou Andreas-Salomé qui voulait jouir sans besogner, Nietzsche a sous-titré – en français d'oc ! – *La Gaya Scienza,* son fameux traité, *La Science heureuse.* Ce que les Français ont tout de suite traduit en *Gai savoir.* Ils ont donc rendu à ce fils de pasteur ce qui est à Zarathoustra, c'est-à-dire une idée de génie venue des troubadours : le fait que la vie puisse être à la fois intellectuelle et érotique.

C'est bien ce double sens que l'amour courtois a exploré. Le « gai savoir », ce *gay saber* autour duquel se réunissaient les poètes occitans, y prend deux formes. En apparence, il est une déclaration du chevalier transi à sa dame – mots, phrases, poèmes, métaphores, offerts comme un joli bijou de famille pour sublimer le sexe. En vérité, il est le plaisir que les corps commencent à se donner par le langage.

L'amphibologie doit être goûtée jusqu'au bout. La saveur du savoir est aussi le savoir de cette saveur. Érotiser l'esprit tout en révélant l'intelligence de la chair serait une belle mission à nous donner, au moment où le risque est grand que le sexe soit réduit à un apprentissage mécanique, voire à une prestation robotique…

L'intelligence peut être artificielle, mais pas l'imagination poétique. Ne laissons pas le nouveau cyber venir remplacer ce bon vieux *saber*…

5. FAIRE LOV-LOV / FAIRE CATLEYA

FAIRE LOV-LOV

Le sexe suscite un discours du classement, peut-être parce qu'il porte en lui l'idée même de séparation. Cette étymologie admise depuis des lustres est aujourd'hui fort heureusement remise en cause : séparer, est-ce vraiment la bonne idée concernant le rapprochement des corps ? Certains linguistes proposent à la place de faire remonter le sexe à *secus*, « sec », mais là on voit qu'ils s'enfoncent…

Le classement n'a donc probablement rien d'étymologique et doit se considérer du point de vue idéologique. Classer, c'est déjà maîtriser. C'est prendre la main sur celle des activités humaines qui est la moins gérable, comme le savent secrètement toutes les Églises, de la classique à la scientologique, en passant par la sexologique.

Deux grands types de classement sont à l'œuvre. D'une part, ceux qui considèrent le sexe du point de vue du consommateur et l'intègrent à la nouvelle économie ubérisée : solo, duo, libertino, sans tabous, week-end romantique, *quickshot* au bureau, Noël coquin, 1er Mai sous la couette, easysoumission, softsodomia… D'autre part, ceux qui veulent personnaliser le sexe car ils le considèrent comme une activité vraiment trop générique. Dans ce cas, ce qui est évident, lorsqu'on se balade sur les réseaux sociaux, c'est que chaque couple trouve sa périphrase en fonction du reste de sa vie. Les franglais font lov-lov, les infantiles zig-zig, les arthritiques crac-crac… Les post-modernes sont passés au post-coïtum, les intellos au post-cogitatum. Les sportifs arrêtent de faire du running pour redevenir coureurs, les naturopathes cessent de nous bassiner avec leur huile d'argan pour élaborer des onguents à leur sauce. Les traders pervertissent les algorithmes, les végans mangent leur viande hebdomadaire, les collaboratifs ont leur séance de partage, les néo-mystiques leur minute extatique, les start-upeurs leur sieste digitale. Les journalistes, qui n'ont plus de scoops, font une conf' d'alcôve ; les dentistes, qui n'ont plus de fraise, proposent des implants à la banane… Les libraires, qui n'ont plus de lecteurs, des rencontres crapuleuses dans l'arrière-boutique…

FAIRE CATLEYA

Cette manière de donner au sexe une dimension imagée pourrait faire l'objet d'un atelier d'écriture d'un genre un peu particulier. Au lieu d'y apprendre la recette du roman à l'eau de rose épicée ou du récit très personnel à base de secrets de famille, les femmes aimant les mots et les hommes ayant de la tchatche seraient invités à ouvrir les œuvres patrimoniales à la bonne page. Les descriptions sans fin, les considérations lourdingues sur l'argent, la guerre, ou les fames-et-les-zomes, nous seraient épargnées. Nous pourrions faire notre miel des vraies trouvailles des vrais trouvères.

Nous ferions des découvertes. Si le « rataconniculer » de Rabelais nous paraîtrait évident, en revanche, en entendant la coach parler de « trinquer du nombril », nous répondrions : « C'est du Bérurier ! » et non, nous aurions bien tort, car c'est du Théophile Gautier.

Dans cet atelier, pour nous inspirer, se trouverait le Kamasoutrope : un petit coffre plein de métaphores et de métonymies.
Celui ou celle qui y tirerait par hasard le célèbre « faire catleya » de Marcel Proust vivrait une accélération inédite de tous ses sens : en un éclair, les deux ou trois orchidées mauves, appelées cattleyas, qu'Odette piquait dans son corsage pour indiquer à Swann qu'il pouvait enfin avoir accès aux pétales odorants de son intimité, lui feraient comprendre que pour ces deux amants des années 1890, et seulement pour eux, « faire l'amour » se disait « faire catleya ».

6. COMPOSTAGE / LABOURAGE

COMPOSTAGE

Face aux sinistres sexologues se tiennent heureusement de joyeux sexylogues. Ils ont mis l'imagination de la langue au pouvoir. Avec eux, l'explication devient création, et des fenêtres d'images s'ouvrent à partir des actes les plus terre à terre. Je connaissais depuis mes études la fameuse scène finale de *La Mort aux trousses* d'Hitchcock où l'on voit un train entrer dans un tunnel pour symboliser ce qui se passe dans le wagon entre les héros : *happy ending* sur la couchette. Avec elle, il était enfin possible de comprendre l'obscure notion de récit « homodiégétique » : quand un auteur crée une analogie (*homo*) entre deux aspects du récit (diégèse). Mais j'avoue que je n'aurais personnellement jamais pensé qu'en compostant son billet de train, un homme pourrait, comme l'avance la spécialiste Agnès Pierron, penser qu'il transforme le « ticket » qu'il a avec la femme qu'il vient de rencontrer dans le hall de la gare, et « pénètre » en elle comme son titre de transport le fait dans la fente de la machine.

Pourtant, une fois bien vue la déconstruction du mot – en « con » et « poste », au sens de relais de poste –, tout s'éclaire. De nombreuses images suivent. De plus en plus contemporaines. La linguiste nous l'assure, le « compost » s'entend aussi dans le compostage. Cet engrais entièrement naturel reprend alors la plus vieille métaphore du monde : celle de la femme comme prairie, champ, terre à labourer et à ensemencer.

LABOURAGE

Ce labour de la glèbe humide constitue la première image poétique du monde occidental. Elle est là dès le Gilgamesh, trois mille ans avant Jésus-Christ, dans ce récit mésopotamien, ancêtre de la Bible et de l'*Odyssée*.
L'histoire se noue entre Gilgamesh et Enkidu, amis, amants, ce n'est pas clair. Mais le fait est (on est bien avant le mariage pour tous) que seuls ces deux guerriers ne peuvent perpétuer l'espèce. La femme est donc envisagée comme le grand principe fertile. Elle sera une terre attendant d'être ensemencée par son laboureur.

Les hommes de l'époque ont observé le monde alentour. Quand la pluie tombe quelque part, s'ensuit l'apparition de pousses, de fleurs, de fruits. Pourquoi n'en serait-il pas de même pour le corps humain ? Lui aussi a des lunes sur son derrière ou des tiges sur son devant.
Le mot « champ » sera longtemps le vocable pudique pour désigner le sexe d'Ève. « Je ne perds point la graine que je sème en votre champ », chante Villon au XVe siècle. C'est à partir de ce terme que l'homme se déclarera champ-ion. Tandis que seules les prostituées seront qualifiées de « championnes d'amour ».

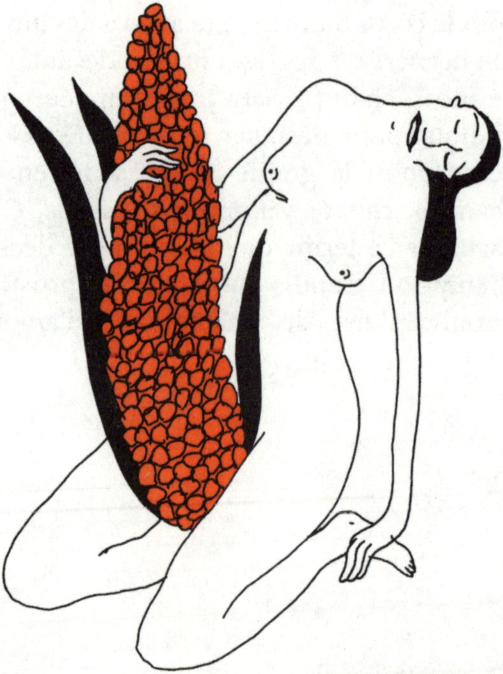

ARS EROTICA 5

LE PLAISIR

I. ORGASME / SUBLIME CRISE

ORGASME

L'orgasme aujourd'hui est aussi courant que les expressions : « Waouh, c'était top ! » ou « Merci pour ce moment de kif… » Il n'est pas rare qu'une recette sur le Net soit accompagnée d'un joyeux : « Bon appétit et bon orgasme ! » Le sport, pratique désormais très répandue, provoque des émotions qualifiées d'orgasmiques. Quand ce n'est pas tel jeu ou telle série…

L'orgasme est en train de se décharger de ses connotations sexuelles. Nous sommes en pleine extension de son domaine grammatical. Son côté international y aide : *orgasm*, *orgasmo*… Sexologues de tous les pays, unissez-vous pour dévaloriser paradoxalement ce grand bouillonnement de tous les sens.

Car il s'agit bien de cela. « Orgasmer », intransitif comme « halluciner » ou transitif comme « amuser » (sa copine ou son amant), est devenu un verbe. J'orgasme, tu orgasmes, veut dire en gros que le corps humain connaît un pic énergétique qui va se terminer en explosion sensorielle : tsunami d'oligo-éléments si bons pour la santé.

Cette banalisation est le signe d'une certaine désérotisation de la société : la preuve que le sexe a perdu la prééminence qu'il avait dans les années dites de « libération ». Et la preuve également que notre inconscient collectif a de la mémoire. « Orgasme » vient d'un mot sanskrit *urja,* désignant une nourriture primordiale, une sorte de maïs, d'où est montée l'idée de sexe masculin turgescent, puis de semence, puis d'expulsion de cette semence, puis de plaisir engendré par ladite expulsion.
Autrement dit, notre époque oublieuse de tant de choses se souvient que l'orgasme est avant tout un beau légume !

SUBLIME CRISE

Puisque l'orgasme se banalise, il est intéressant de repersonnaliser un peu le vocabulaire en nous servant de nos différents héritages. Celui des Précieux par exemple, gens sophistiqués qui ne voulaient pas être confondus avec la plèbe. Celle-ci n'avait accès, pensaient-ils, qu'aux évanouissements brutaux de la besogne, du faire,

du limage ou du trimage… Pour l'aristocratie, jouir devait se situer très au-dessus de ces parties. Que diable, atteindre le septième ciel, ce n'est tout de même pas grimper aux rideaux !
Dans le contexte anatomique de l'époque, les « muscles sublimes » étaient les muscles des épaules et du cou. Le sublime s'entendait alors au sens premier : ce qui est *sub*, sous l'arc formé par de hautes portes (*limen*)… Le corps capable de vivre des crises sublimes était un corps supérieur, éthéré…
À ce niveau d'élévation – mot qui a pu désigner l'érection –, les connotations religieuses sont évidentes. Le plaisir devient divin, la jouissance permet de tutoyer Dieu. Arrive l'extase (*ex-stase*), émotion mystique par excellence, qui sort du corps comme Jésus du tombeau. Ce phénomène extraordinaire, le pape de la psychanalyse française, Jacques Lacan, le verra sur le visage de la sainte Thérèse du Bernin à Rome comme illustration de ce que ses patientes parisiennes lui faisaient entendre sur le divan. Il appellera ce phénomène l'« au-delà du phallus ». Formule sublime, forcément sublime.

2. LÂCHER PRISE / ABANDON

LÂCHER PRISE

La société contemporaine, très préoccupée de réussite et de performance, nous demande sans cesse et sur tous les plans (loisirs, management, vie familiale…) de savoir aussi « lâcher prise ». L'impératif est particulièrement de mise dans le domaine sexuel : mesdames surmenées, lâchez prise pour la Saint-Valentin, messieurs hyper-stressés, lâchez prise pour laisser parler vos émotions. À l'origine, l'image est liée à la chasse à courre : ce sont les oiseaux de proie que l'on lâche dans les airs pour qu'ils partent attaquer palombes, tourterelles, grives…
Depuis la fin du XXe siècle, l'expression fait partie du vocabulaire des nouvelles méthodes de relaxation : yoga, sophrologie et autres massages ayurvédiques ou chinois. Elle s'est adoucie en s'orientalisant, important vers les Occidentaux coincés les ouvertures asiatiques des chakras… Elle reste tout de même négative à cause du verbe « lâcher », le plus souvent dépréciatif (« Lâche-moi ! »), et qui manque de toute hauteur de vue.

De plus, la formule contient une injonction paradoxale : apprendre à lâcher prise reste une obligation supplémentaire par rapport à laquelle il s'agit de ne pas lâcher…
Rien d'étonnant à ce que l'image ne semble pas d'une grande aide à celles – et ceux – qui échouent à voir le plaisir sexuel comme le départ pour la battue bestiale…

ABANDON

Que ces derniers sachent qu'un mot du vocabulaire traditionnel existe : « abandon ». Les pauvres victimes de Don Juan et de Valmont l'ont teinté tragiquement : en s'abandonnant sensuellement, les femmes risquent d'être abandonnées cruellement, c'est-à-dire laissées sur le carreau comme des bébés devant la porte des orphelinats…
Mais à l'origine, le terme était tout autre. S'abandonner, c'était – pour un chevalier – se mettre au service, au « bandon », de la femme aimée. Qu'est-ce qu'un bandon ? Aucun rapport avec le verbe « bander » – ce serait un peu

simpliste. L'étymon *ban* doit être entendu ici comme dans l'expression : « On va publier les bans. »

En s'a-ban-donnant à sa dame, l'homme fait sa déclaration, c'est-à-dire répartit les rôles : elle, la souveraine, lui, le serviteur. Parfait retournement de la situation réelle, puisque, au XIIe siècle, les femmes étaient encore loin de la liberté, mais belle image : l'homme à genoux devant la femme en majesté, comme devant son seigneur ou la Vierge Marie. S'abandonner dans les bras de quelqu'un devient possible. La rudesse des mœurs commence à régresser, la violence est clairement cadrée par une loi : les amoureux se mettent à suivre certaines séquences imposées et communiquent avant de se sauter dessus.

Dans notre monde dérégulé, le droit à l'abandon doit-il devenir un ultime droit de l'homme… et de la femme ?

3. PLAISIR / VOLUPTÉ

PLAISIR

« Plaisir » reste très utilisé. Il n'a pas été remplacé par un mot américain, comme téléphone par smartphone. Bien au contraire, c'est lui qui mène la danse. L'anglais parle français quand il s'agit de jouir de la vie. Meilleure preuve : *please* lui-même vient, comme plaisir, du *french* « Il me plaît ».

« Plaisir » est donc sans âge, ce qui lui évite de tomber en désuétude. C'est un très vieux mot dont nous ne sentons pas le poids des ans. Comme table, ou vin. Alors que, par exemple, pain subit une terrible modernisation boulangiste : campaillou, tradigraine, baguettine, francomiche…

Enfin, « plaisir » est très valorisé par les magazines féminins, pas parce qu'ils seraient pousse-au-crime – comme les sociologues qui ne les lisent pas le pensent –, mais parce qu'ils sont consolateurs. Un jour, le prince Orgasme viendra, ne vous découragez pas les copines…

Il peut donc mener sa double vie, bien tranquillement. Le jour, débarrassé de toute connotation grivoise : « Fais-moi plaisir, range ta chambre... », « Bien cordialement, au plaisir... », « Plaisir d'offrir, joie de recevoir... ». Et la nuit, complètement déchaîné. Surtout quand la presse d'information économique ou politique – qui veut conserver ses vieux lecteurs quand les Bourses se mettent en vacances – essaie de vendre ses numéros doubles juillet/août : « Tout sur le plaisir féminin », « Comment les femmes françaises révolutionnent le Cac 40 des mœurs », « Pourquoi elles donnent raison à Tirésias... ».

VOLUPTÉ

Face à lui, le mot suranné est « volupté ». Sa beauté sonore (il est proche de « velouté ») pourrait bien le remettre au goût du jour. Un roman bien marketé pourrait être titré *Cinquante nuances de volupté*, un parti politique pourrait lancer son manifeste décroissant : « Volupté, j'écris ton nom. » À moins qu'une marque de lingerie, secteur dans lequel la France est leader mondial, ne lance une nouvelle marque à destination des riches épouses qui cachent leurs charmes sous le voile intégral : Al-Volupta.

Les *aphrodisia* ont été les plaisirs grecs, destinés à honorer la déesse Aphrodite afin de s'approprier un peu de son exceptionnelle énergie : elle s'est fait naître toute seule de l'« écume » (*aphros*) pour partir à la conquête de la terre et de ses hommes. Les *voluptates* romaines ont, par la suite, amené une douceur de vivre, un farniente, que les Français, ces *latin lovers*, ont adoptés tout de suite.

À la fin du XIVe siècle, dans la première Renaissance, la poétesse franco-italienne Christine de Pisan aimait célébrer le corps en fidélité à l'adverbe latin *volup*, « d'une manière qui convienne bien au désir », traduisant une juste mesure : qui lui donne le plaisir qu'il lui faut, ni plus, ni moins.

C'est bien cet équilibre entre la chair et l'esprit qu'a incarné la petite fille qui est née, de la toute première comédie romantique de notre tradition, au début du IIe siècle, *Le Conte d'Amour et Psyché*. La fille de l'âme et la petite-fille de Vénus fut nommée par Apulée, Romain qui venait du Maghreb, *voluptas*. Ce qui fit dire à La Fontaine, dans *Le Conte de Psyché et Cupidon*, inventant la pulsion de vie bien avant Freud :

« Ô douce Volupté, sans qui, dès notre enfance,
Le vivre et le mourir nous deviendraient égaux. »

4. FELLAFFECTIONNER SON MARI / FÉLICITER SA FEMME

FELLAFFECTIONNER SON MARI

Le discours contemporain peut être très créatif, surtout lorsqu'il invente des mots-valises. Les grammairiens, sérieux héritiers de Malherbe, les appellent, sans rire, des « copules morphématiques » : petits coïts verbaux qui nous rappellent au passage que « coïter deux greffons », c'est les faire aller ensemble (*cum ire*) pour qu'ils donnent un nouveau fruit.

Deux mots semblent faire l'amour du langage. Ils mélangent leur chair. Et soudain, apparaît le « Bobo », ce bourgeois-bohème, éternel « adulescent », qui va prendre son « brunch » le dimanche, confondant l'heure du breakfast et celle du lunch, et le jeudi soir absorbe un « alicament » de type « boostagra » pour se donner le courage de draguer la « célibattante », rendue prenable par son « alcoolitude ».

Le mot-valise dit bien le désir de cumuler les plaisirs. Ce n'est pas nouveau, les poètes renaissants étaient orfèvres en la matière, et dans leur lignée, Francis Ponge écrivit des *Proêmes* tandis que Raymond Queneau nous offrit ses *Texticules.*

Les magazines féminins se sont emparés de cette fusion des mandats et l'appliquent au conjugal. Le verbe « fellaffectionner » doit être sorti avec les flûtes de champagne quand c'est l'anniversaire de l'époux ou la fête des pères. Également quand il faut consoler le mari coureur de n'avoir pas gagné le marathon du siècle.

FÉLICITER SA FEMME

Sur ce type de pratique sexuelle, orale, très orale, à l'image de notre société tout entière, les femmes reçoivent des recettes comme il y a quarante ans leurs grands-mères apprenaient à faire rissoler les petits oignons et à peaufiner le veau marengo. Autres temps, autres mœurs, mais un but éternel : retenir les hommes.

Ceux-ci étant devenus des chefs, appelés aussi maîtres queues, pardon maîtres queux, elles se doivent d'être au top sur le plan technique. On leur demande de pimenter leurs abats, pardon leurs ébats.

Pourquoi, dans ce cas, ne leur est-il pas suggéré de relire le dictionnaire ? Elles y trouveraient toutes sortes d'idées pour l'après-dîner : gober le merlan, souffler dans la peau d'anguille, téter le flageolet, éplucher le poireau, manger de la crème fouettée…

Elles y verraient surtout que la *fellatio* désigne en latin le repas primordial : celui qu'effectue le bébé lorsqu'il se nourrit au sein de sa mère. Le verbe est *feller*, qui donnera « téter ». Une synecdoque primale est à l'œuvre, à partir du son *thè*, qui devient peu à peu *fè*. Du téton naît un *felix* : heureux bébé qui sourit aux anges post-*biberonum*. Et le mot « femme » lui-même arrive, désignant celles qui conçoivent de la félicité lorsqu'elles sont visitées dans leur *fenum* ; leur pré, zone érogène, moussue, herbue, et toujours verte selon *Le Roman de la rose*.

Belle image par laquelle nous apprenons que « féliciter une femme », ce n'est pas lui faire un compliment sur son pot-au-feu…

5. LE PLAISIR VIENT EN PRATIQUANT / GRIMPONS AUX RIDEAUX, *AMEN*

LE PLAISIR VIENT EN PRATIQUANT

Dans les nombreux conseils serinés aux femmes par les coaches de sport, de vie, d'hygiène sexuelle (« Faites la veille un lavement au savon de Marseille et le lendemain un massage aux herbes de Provence »), le verbe « pratiquer » est l'emblème de notre époque. La périphrase d'autrefois : « J'suis croyant mais pas pratiquant », qui pouvait faire penser que les Français étaient encore rabelaisiens, a été remplacée par son inverse. Les voltairiens désenchantés d'aujourd'hui affirment : « Je ne suis plus croyant, mais je suis pratiquant » (relaxation tantrique, hypnose tibétaine, retraite silencieuse en abbaye…).

Concernant le sexe, et en écho à l'ancien « faites le faire », « pratiquez la pratique » a toutes les vertus. Comme le chant choral, il permet de faire des rencontres, comme la méditation, de léviter, comme la rando, de booster sa libido, comme les jardins partagés, d'échanger entre voisins, comme le vélo, de s'initier au coup de pédale…

Le plaisir est le résultat de toutes ces pratiques, à condition de suivre scrupuleusement le mode d'emploi (« Dites-lui avant tout qu'il est votre champion », « Murmurez-lui qu'elle est encore plus belle de dos »). Les distraits qui auront brûlé une étape en seront privés. Ainsi que tous ceux qui ont déjà du mal à faire marcher leur machine à café, leur imprimante, leur smartphone, leur badge pour l'ascenseur, leur bip pour le parking, leur mélangeur à jus détox, leur nouveau robot multifonctions.

GRIMPONS AUX RIDEAUX, *AMEN*

Si tant d'impératifs techniques commencent à les fatiguer, ils pourront toujours anoblir l'un d'entre eux : il n'en a pas l'air mais contient un élément essentiel du dogme catholique. « Grimpez aux rideaux » semble vulgaire et actuel, il est en fait ancien et mystique…

Reprenons : si un couple commence à s'ébattre ici-bas sur le tapis et achève sa course au septième ciel, c'est bien que l'acte sexuel est une assomption… Or, qui est la reine de l'Assomption ? C'est la Vierge, bien sûr ! Les rideaux, donc, ce sont les siens.

Ils forment une *cortina regia*, au-dessus des autels de certaines petites églises de Toscane (ou du Pays basque), gorgés d'une belle valeur transcendantale. C'est bien pour cela que ces rideaux sont verts et non bleus comme la robe de Marie : ils ouvrent la porte du paradis. L'herbe y est toujours verte : plus viride qu'ailleurs.

Le malicieux érudit Daniel Arasse en a commenté l'importance sur la *Madonne Sixtine* de Raphaël, cet amoureux du corps féminin. Les spécialistes regardent toujours vers le bas du tableau, où sont accoudés les deux petits amours dubitatifs souvent reproduits en carte postale. Mais si l'on suit leur regard, on voit qu'il grimpe vers les rideaux entourant le visage de la Vierge, femme idéale qui ressemble étrangement à Vénus.

6. L'OCYTOCINE / LE FIACRE

L'OCYTOCINE

Les Français ont longtemps su résister aux visions trop scientifiques du sexe. En particulier, ils n'ont pas adopté, au début du xxe siècle, le mot britannique *climax* pour nommer le pic du plaisir sexuel. Sur ce même verbe grec *klinein*, ils n'ont gardé que le climat.

Cela ne les empêche pas de s'intéresser à la biologie des passions, selon l'expression du chercheur Jean-Didier Vincent : choses de l'amour mesurées à l'aune de nos hormones, nos neurotransmetteurs, nos enzymes gloutons…

L'une de ces substances est responsable de nos coups de foudre. Son nom est ocytocine. Notre corps la sécrète dans le secret des alcôves. Dès qu'elle est là, nous risquons l'attachement, car c'est ce même suc, déclenché lors de l'accouchement, qui a accompagné notre naissance. Le plaisir, comme le péché, est par essence originel.

Certains le fuient aujourd'hui. On les voit courir le long des rues ou le long des plages, dans les forêts ou sur les ponts, à la montagne comme à la campagne, nombreux et solitaires à la fois. Ce sont les *runners* et *runneuses*. Eux, préfèrent la dopamine et l'adrénaline à l'ocytocine, probablement trop calme pour eux. Avec elle, il faudrait arrêter la course et se mettre à marcher en chaloupant, au côté d'un autre être – au sens propre : coïter (*cum ire*).

LE FIACRE

Contre trop de savoir scientifique gagnant sur la saveur poétique, les écrivains se sont toujours battus. Fils de médecin, Flaubert connaît bien le positivisme scientiste. Il s'en moque abondamment dans *Madame Bovary*, à travers le pharmacien Homais, et surtout Charles, le mari médecin, aimant, mais qui ne comprend rien à l'esprit imaginatif de son épouse, Emma.
Une scène drolatique raconte sans aucun terme sexuel comment madame Bovary, qui lutte contre sa mort à petit feu dans le chaudron domestique, devient la maîtresse de son soupirant, Léon. Tout se passe dans une voiture à cheval qui leur sert de chambre, stores tirés, au

rythme des chevaux fouettés par le cocher qui voudrait bien s'arrêter pour aller boire un coup. Rien n'est décrit de ce qui se passe à l'intérieur, ni déclaration, ni neurotransmission, mais nous comprenons tout.
Cette scène entièrement allusive a valu un procès à Flaubert pour attentat aux bonnes mœurs. Proust reprendra l'idée quand Swann et Odette feront catleya dans la victoria de cette dernière. Enfin, le fiacre donnera son nom à un club parisien dans les années 1950-1970, fréquenté par les intellectuels à la mode, soucieux de rester discrets sur leur vie privée.

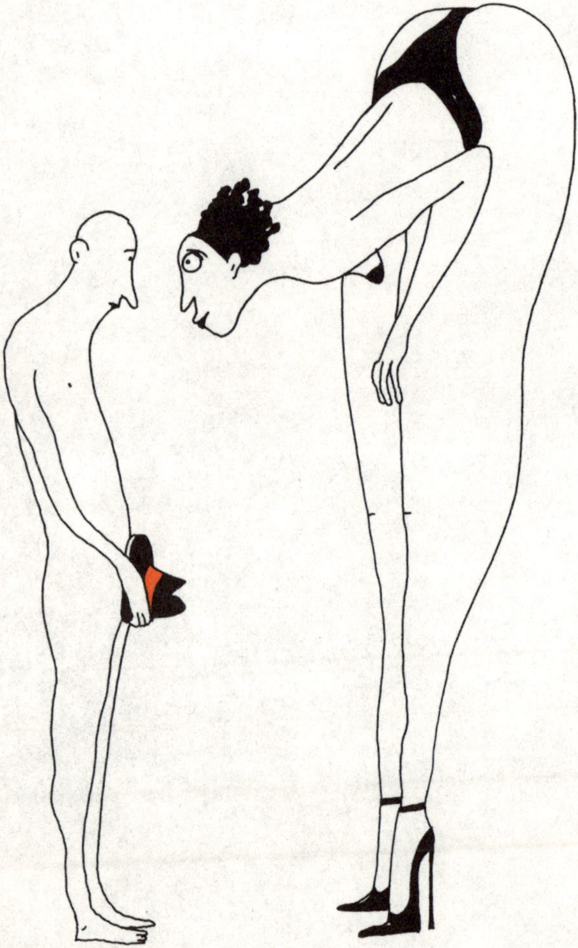

ARS EROTICA 6

QUAND LA CHOSE SE COMPLIQUE...

I. S'OFFRIR UNE PRESTATION SEXUELLE / ALLER CHEZ LES FRANGINES

S'OFFRIR UNE PRESTATION SEXUELLE

On aurait pu penser que la prostitution, combattue à la fois par les droits de la femme et la montée du monosexe virtuel, diminue, voire disparaisse, il n'en est rien ! Bien au contraire. Pilier des marchés parallèles liés aux mafias, aux trafics de drogue, aux migrances, le plus vieux métier du monde se porte bien. Contrairement à bien d'autres secteurs, il montre une capacité incroyable à se diversifier sans détruire de valeur. L'*escort girl* n'a pas tué la prostituée de rue. Le gigolo peut aujourd'hui cumuler différents jobs et satisfaire son public féminin, masculin, ainsi qu'intermédiaire.
L'idée d'éradiquer cette activité vieille comme les relations humaines est noble dans le cas d'esclavagisme sexuel avéré. Mais le plus souvent, les choses sont difficiles à démêler. Du point de vue du langage, la « prestation » contemporaine

n'est qu'une variation de la « prostitution » à l'ancienne. Seuls les préfixes changent. Sur un même verbe *stare* : se tenir debout, le pro- crée l'image de l'hétaïre se tenant devant une station de métro ou du giton statique devant un hôtel meublé.
Tandis qu'avec le pre-, une nuance plus dynamique s'ajoute au tableau. Le travailleur du sexe vient plus facilement vers nous. Uber, scooter ou Hyperloop, il délivre ses services à domicile, comme le masseur, la coiffeuse, le prof du soir, la nounou du matin. Voire le podologue ou la coach de voix qui viennent désormais sur les lieux de travail, tant les professions supérieures y passent de temps et sont stressées.
N'étant qu'une modeste travailleuse du texte, je me demande soudain si des prestations étymologiques ne trouveraient pas leur place parmi ces nouveaux services à la personne.

ALLER CHEZ LES FRANGINES

Face à cette ambiguë modernisation, la prostituée à l'ancienne doit être proposée au patrimoine linguistique mondial de l'humanité. « Aller chez les frangines », expression à la Frédéric Dard, ferait bien dans le dossier. Elle vient de l'argot des faubourgs qui, durant les Trente Glorieuses, ne s'appelaient pas encore banlieue. Ce vocabulaire vintage nous rappelle notre enfance, les dialogues d'Audiard père et toutes sortes de films peuplés de doux tontons flingueurs et de jolies filles qui découvraient timidement leur tout nouveau droit d'enlever leur soutien-gorge.

La frangine est la petite sœur pauvre de la bohème. « Mon enfant, ma sœur, songe à la douceur d'aller là-bas vivre ensemble », belle invitation au voyage par laquelle l'artiste regarde son modèle dans le miroir narcissique : comme Apollon se voit dans sa jumelle Artémis, et inversement.

Elle fait de la prostituée une confidente proche, une tendre amie avec laquelle les choses sont plus simples qu'avec la famille, encore très institutionnelle. Manet n'a choisi, pour son *Olympia*, ni son épouse Suzanne ni sa géniale maîtresse Berthe Morisot, mais la jeune Victorine Meurent, un beau corps, facile à louer.

Baudelaire, taquinait si souvent sa « muse vénale » qu'il en mourut syphilitique. Celle qui vend ses charmes, comme le peintre ses tableaux pour ne pas mourir de faim, s'incarne dans une ribambelle d'appellations plus ou moins contrôlées par l'absinthe. Elle est la belle de nuit, la fille de joie, la carioleuse, l'essuyeuse de plâtre, la foutinette, la galupe, la lorette, la marquise des trottoirs, la musardine, la soulageuse, la visiteuse d'artistes…

2. PANNE / FIASCO

PANNE

Voilà un mot qui revient beaucoup dans le grand aquarium médiatique dans lequel nous sommes immergés. Il n'est pas rare de lire sur l'écran de notre téléphone en nous réveillant le matin que l'Europe est en panne, ou que la croissance est en berne. Rouillé et vieilli par l'évolution du monde, tout notre cadre de vie fleure mauvais l'« impuissance publique » qui semble avoir frappé l'ensemble des dirigeants, en particulier français – ceux-là mêmes qui ont des histoires d'amour sympas dès qu'ils sont à l'Élysée.

C'est que la « panne » s'applique aussi bien à notre voiture hybride qu'à notre corps, voire au corps social tout entier. Il a de fortes connotations sexuelles. « Panne du désir » est devenue une locution pléonastique. La France qui a su faire sa Révolution, et sa Résistance, qui a été le creuset de tant de mouvements artistiques et intellectuels, semble depuis le passage au XXIe siècle, malade, blessée, souffrante.

Cette panne tous azimuts a totalement renversé la métonymie italienne qui est à l'origine du mot. En passant les Alpes, la *panna*, qui était l'aile de l'oiseau dans le ciel du Latium, a explosé en plein vol. Elle s'est alourdie, est tombée sur le sol, elle est devenue l'albatros de Baudelaire, lourd volatile prétentieux que ses ailes de géant empêchent de marcher.

Ce retournement de la panne a eu lieu au tout début de la première industrialisation. Depuis, les problèmes techniques en chaîne n'ont fait que se multiplier. Aujourd'hui, quand notre téléphone tombe en panne, nous sommes perdus car nous ne pouvons plus envoyer nos sextos. Mais demain, quand notre robot préféré aura une panne, que ferons-nous pour profiter de la partie fine hebdomadaire qui sera dans notre abonnement ?

FIASCO

Ce bug français généralisé, à forte connotation sexuelle, est réversible, autant le dire tout de suite. Pour cela, il faut revenir au temps des Grandes Découvertes, quand « bouter vent

en panne» voulait dire qu'un beau bateau déployait son grand foc comme une grande aile d'oiseau dans le vent pour partir à l'aventure… L'hypothèse que le sexe masculin ne réponde pas, en bon petit soldat, à l'appel du désir, portait alors un tout autre nom : le fiasco.
L'image venait d'un Arlequin de la *commedia dell'arte* qui jouait un numéro mi-comique, mi-amoureux avec sa fiasque : une petite bouteille qu'il brandissait sur scène, lui parlant comme à une jolie femme. Il montrait aux spectateurs qu'elle allait s'ouvrir pour l'accueillir comme s'il était le Christ, poisson frétillant, retournant dans le ventre sacré de la Madone. Quand l'analogie ne marchait pas, tout le monde, les hommes surtout, pensaient à leur sexe possiblement vaincu et s'enfuyaient en courant, refusant de donner un sou pour ce spectacle raté.
Il fallut Stendhal, italianophile célèbre, pour entendre *fiasco* comme *flasque*, et y voir la preuve que parfois, sous le coup de l'émotion, la grand-voile masculine ne parvient pas, après s'être gonflée, à s'affiner pour s'introduire dans le fin goulot du vase féminin – opération bien étrange, il faut le reconnaître.

Certains mauvais esprits penseront qu'il connaissait bien le problème. Pour les autres, cette phrase extraite de *De l'amour* pourra être ressortie en cas d'urgence (prendre alors une pose docte malgré la situation) : « S'il entre un grain de passion dans le cœur, il entre un grain de fiasco possible. »

3. SOMBRE SOMATISATION / LUMINEUSE SOMATE

SOMBRE SOMATISATION

Ce sont nos cousins allemands qui nous ont envoyé, en 1946, l'adjectif *Psychosomatisch*. Ils avaient perdu la guerre, mais pas la bataille des idées. Que ce que notre esprit digère mal s'inscrive dans notre corps pour le faire souffrir est aujourd'hui une évidence. « Somatiser » est un verbe très usuel et bien de chez nous. « Tu somatises ou quoi ? » peut être demandé par une femme à son amant stendhalien ou un mari à sa femme bovaryste qui a mal à la tête.
Cette vision tristounette du sexe prouve bien que les panseurs (psychologues, hypnologues, naturologues, huilessentielogues…) sont aujourd'hui des gens plus écoutés que les penseurs. Quand on a tout essayé (philosophie, sociologie, politologie), ils offrent des médications séduisantes…
Contre l'impuissance : la racine de gingembre et la poudre de perlimpinpin ; contre la frigidité : quelques gouttes de menthe poivrée placée au

NATURO
PAThie

bon endroit. La naturopathie ne marchait pas des masses quand elle soignait les rhumatismes, mais depuis qu'elle dope la libido, elle casse la baraque. Avec elle, on sait enfin à quoi servent le romarin et la sarriette, On apprend que l'origan ne parfume pas que la pizza ordinaire. On est sûr que la cannelle de notre tarte aux pommes produira un effet post-dessert. Quant à la sève de bouleau, pas besoin de nous faire un dessin…

LUMINEUSE SOMATE

Ce faisant, et même s'ils ne le savent pas forcément, les Français sont plus que jamais rabelaisiens. Comme chacun sait, Rabelais était médecin. Un médecin de la Renaissance, c'est-à-dire l'équivalent d'un naturopathe du XXIe siècle. Il voyait le corps selon la pensée analogique qui prévalait dans la médecine des humeurs et l'alchimie. Tout membre du corps en était aussi un concentré. Dans chaque partie – pupilles, pieds, mains, sexe – était contenu l'ensemble de l'être.

Cette vision du vivant en cercles concentriques, alliée à une redoutable malice personnelle, servit au père de Gargantua pour créer un de ces hellénismes dont il avait le secret. Il n'aimait ni les docteurs de la Sorbonne, ni la plupart de ses confrères qu'il voyait comme des charlatans. Ces deux engeances abîmaient selon lui le *corpus* et l'avaient dévoyé en corps de doctrine pour les uns, en viande sans chair pour les autres.
Il retourna donc, non pas au latin, langue d'Église, mais au grec, langue d'Hippocrate. Et d'Épicure. « Corps » s'y disait *soma* (d'où la somatisation). Rabelais décida de transgenrer jusqu'au bout ce mot masculin qui avait l'air féminin avec son A final, et de sa plume alerte, il créa « LA somate », juteuse et pleine de sucs. Rouge vénus, elle lui semblait parfaite pour désigner le corps quand il sent l'appel du printemps. Tout particulièrement sa partie virile et viride, membre actif du club de ceux qui aiment coïter avec les belles plantes.
Malheureusement, ce fragment d'un très sexy corpus ne dura pas plus d'une saison (l'année 1546).

4. *SEX ADDICT* / VERT-GALANT

SEX ADDICT

Il faut savoir accueillir les nouveaux arrivants. Les Français l'ont fait sans hésiter lorsque le mot « addiction » a migré sur leurs côtes dans les années 2000. Que le lecteur lève le doigt s'il n'a pas dit qu'il était *addict* au jeu de massacre qu'il actionne sur son écran quand son boss lui demande de surveiller le Cac 40 ; que la lectrice affirme sans rougir qu'elle n'est pas *addict* à sa série préférée pour laquelle elle délaisse ses multitâches : vélo, boulot, dodo, et même parfois, ses enfants – eux-mêmes *addict* heureusement à leurs mini-écrans.

« Être *addict* » va avec tout. Les objets sont interchangeables. Tel *addict*, qui buvait, est passé au jeu en ligne, avant de découvrir le running. C'est de toute façon à l'adrénaline qu'est accro le cerveau de certains. Ou de certaines : *smoke addict* devenue *vapotaddict* ; *shopping addict* qui va maintenant chaque jour à la messe, en église ou en mosquée. Le sexe arrive parmi ces passions tristes, mais pas forcément en première position.

L'*addict* est un esclave de l'Antiquité. Dans la maison romaine d'où il vient, la *domus*, vivent le *dominus* et la *domina* avec leurs enfants et leurs esclaves. Ceux-là sont de plusieurs types. Le *libertinus*, par exemple, est déjà sur la voix de la citoyenneté : il peut dormir dans la maison. En revanche, l'*addictus* est totalement au service de ses maîtres et doit dormir dehors, dans le jardin. Prenant modèle sur Zeus, tout-puissant impuni, il a commis une faute – voler, violer –, mais n'a pas d'argent pour la payer. C'est donc avec son corps qu'il s'acquitte, enchaîné à de durs travaux d'intérêt général au service des autres. Son addiction est moins son vice que sa vertu : il est conduit (*ductus*) par la longue chaîne de la Loi.

VERT-GALANT

Henri IV serait-il aujourd'hui qualifié par la presse people de *sex addict* ? C'est probable, lui qui aimait tant les femmes et leur conversation. Il reste dans l'histoire comme le Vert-Galant alors qu'il a d'abord été le fondateur de la laïcité à la française avec l'édit de Nantes, édit de

tolérance qui mit fin – temporairement – aux guerres de Religion.
Passer de la guerre réelle à la guerre métaphorique était une prouesse que ce roi bon vivant et fin politique aimait accomplir. Les femmes, il leur contait fleurette et les galait… Joli verbe que nous n'avons pas gardé. Peut-être parce qu'il vient de notre source alémanique, souvent réduite à ses mœurs peu raffinées ou trop puritaines…
Pour eux, chevaliers du Nord et Vikings, la *gala*, à l'origine de la galanterie, se prononçait *wala*. Elle était guerrière (la future *war*), mais aussi joyeuse, porteuse de bonne santé physique et mentale (*well* en anglais). Elle dit que certains beaux jours, ça va, la vie est belle, le soleil brille, ou la lune… Elle affirme que le sel d'une existence, malgré la violence, l'intolérance, c'est la rencontre amoureuse. Pour la vie ou pour la soirée, pour quelques années décisives ou pour un épisode galant dans une petite oasis de verdure – typiquement le square du Vert-Galant à quelques pas de Notre-Dame à Paris…
Chères lectrices, un galant n'est donc pas un homme qui vous tiendrait la porte, ni un *sex*

addict qui vous menacerait, mais un homme toujours vert, quel que soit son âge : porteur de viridité – cette part végétale de sa virilité. Pleine de sève et de bagout.

5. VIRILISME / VIRILITÉ

VIRILISME

Notre époque serait, paraît-il, brouillée du point de vue des genres. C'est à vérifier… En revanche, elle l'est du point de vue des idéologies, cela se voit à l'œil nu. Socialisme, communisme, réformisme… tout est mélangé.
Dans ce contexte, le suffixe –isme est devenu dépréciatif. Autant, quand une pratique se développe, elle se termine en –age (jardinage, bricolage, bondage, marivaudage, badinage, sexuel esclavage pour rire…), autant quand un –isme vient achever un mot, celui-ci devient négatif. « Libéralisme », typiquement, est devenu le grand repoussoir. Il désigne quelqu'un qui appauvrit ses compatriotes, alors qu'il désigne, au départ, une personne toujours disposée à la libérale rencontre.
Dans la langue sociologique actuelle, le « virilisme » désigne les conduites qui trahissent l'esprit de ce doux libéralisme des mœurs : autoritarisme néo-patriarcal sur le corps féminin, violences estudiantines lors de fêtes trop arrosées, effets secondaires priapiques de cer-

taines substances – y compris chez les personnes âgées sous traitements neurologiques… Comme « violence », « virilisme » est un cousin de « virilité ». Un cousin qui aurait mal tourné. Un cousin dévoyé : sorti de la belle route des liens humains.

VIRILITÉ

J'ai gardé pour la fin mon mot préféré.
Il est définitivement couplé pour moi avec le spectacle joyeux des matches de rugby de mon enfance. Prononcée par mon père, mon grand-père, un de mes oncles ou un de mes cousins, tous pratiquants de ce sport de voyous joué par des gentlemen (et parfois l'inverse), la phrase : « Allons, messieurs, soyez virils mais corrects ! » adressée à Jean-Pierre Rives et ses coéquipiers donnait le top chrono de mon éducation sexuelle.
Un homme était donc un être qui pouvait avoir l'aspect d'une brute un peu épaisse à la Dionysos, comme un ailier délié à la Mercure, en passant par les cinquante nuances de la viri-

lité : élégance du trois-quarts ailes, agilité du demi-d'ouverture, sourire sanguinolent de l'avant qui vient d'emporter tout son pack vers l'essai : il y a laissé trois dents et la moitié d'une oreille, mais il est heureux comme un enfant.

Depuis, j'ai appris que la virilité n'était pas l'apanage des virils. Certes, ceux-ci sont avant tout les *vires* : hommes de troupe de l'armée romaine, qui marchent ensemble à la conquête des places fortes. Mais il ne s'agit que d'une spécialité sémantique. La notion originelle est la *vis - vim* quand elle est complément d'objet. Il s'agit d'une force vitale mystérieuse et universelle. Jamais vraiment élucidée par les linguistes, elle est sexuelle au sens que Freud a donné à la pulsion de vie. C'est le signe d'Éros quand il se manifeste pour nous faire désirer et aimer. *Vim ferre* : porter cette énergie positive vers et même dans l'Autre, voilà la façon dont nos ancêtres les Romains disaient « faire l'amour ».

Les femmes, elles aussi, bien évidemment l'éprouvent cette pulsion érotique vitale. D'ailleurs, au forum, elles pouvaient être qualifiées de *viriles* quand elles œuvraient courageusement, généreusement pour la Cité.

Le fait n'est pas avéré, j'en avertis le lecteur, mais je le donne tout de même car il constitue mon intime conviction. Il n'est pas idiot de penser que la *vis* remonte à Vénus, puisque le nom de la déesse du Désir de vivre est tiré de la côte du plus beau des verbes latins, *veneror* : Je veux, je veux fortement, je veux plus que tout…

ET L'AMOUR DANS TOUT ÇA ?

Pourquoi les Français ne se disent-ils pas : *Je vous love* ?

Ils auraient très bien pu le faire, non seulement parce qu'ils se lovent parfois l'un contre l'autre, mais surtout parce que ce mot a une source latine. C'est de *libet* – « il me plaît » – que vient le *love* de Lady Chatterley, le *Liebe* de Werther, le *lioubov* d'Anna Karénine. Nous avons choisi, avec les Italiens, les Portugais, et les Castillans (les Catalans disent : *T'estimo*) de rester fidèles au fils de Vénus : Amor, l'enfant malin, qui envoie ses flèches pour nous faire tomber amoureux.

Cet Amour est l'enjeu d'une incarnation qui prépare celle du Christ. Après celui de Vénus, le fils de Dieu réorientera à sa façon l'héritage gréco-latin. Une fois le jeu et les plaisirs accomplis, viennent les douleurs de la passion, vrai nom de la souffrance. De fait, nos grandes amoureuses finissent toutes au couvent ou au tombeau : Manon, Emma, Clèves, Ariane, sans parler des pauvres mesdames de Rénal, de Mortsauf, de Tourvel…

Le succès actuel des *romances* anglo-saxonnes va peut-être changer la donne. Le sentiment y est nettement plus positif, mêlant allègrement pornocratisme et optimisme. Sous couvert de conseils sexologiques crus, ces récits, quelles que soient leurs variations, racontent tous de belles rédemptions obtenues par les femmes, à la force du poignet. Elles ramènent, après quelques séances de fessage alibis, le *bad boy* sur le droit chemin : celui de la *church* et du *baby*. Tout finit donc bien au pays de l'évangélisme, et les lectrices françaises, séduites par ce nouveau genre littéraire, rompent ainsi avec la part tragique de leur culture. Au temps du divorce pour tous, elles sont plus pragmatiques que romantiques : Amour se cherche plus qu'il ne s'attend, se gère plus qu'il ne se subit…
Cette vision n'était pas étrangère à la culture française. Un texte antique, important mais peu connu (fut-il censuré ?) avait circulé en même temps que les premiers évangiles : *Le Conte d'Amour et Psyché*, première histoire d'amour qui finit bien. La Fontaine, penseur espiègle, s'en est saisi en son temps. Mais c'est un des rares. Écrite au IIe siècle par Apulée, un

auteur né en Afrique du Nord et venu à Rome faire carrière, cette fable était destinée à initier les jeunes filles à l'amour, à leur apprendre comment le débusquer et à en tirer profit. Il s'agissait de trier le bon grain du mari potentiel parmi l'ivraie des mauvais amants. Première *love story*, née au cœur du melting-pot idéologique de l'époque : platonisme, olympisme, christianisme et surtout orphisme – belle possibilité de renaître après la mort.
Le péché d'Ève était une hypothèse… parmi bien d'autres. Il n'empêchait pas Psyché, l'âme grecque, de s'élever tout en tombant amoureuse. Fort jouisseuse, cette petite libido en herbe voulait goûter à tous les plaisirs : sexe, bien sûr, mais aussi mets délicats, bains d'huiles parfumés, douces étoffes, musiques suaves… Évidemment, ce bonheur lui était offert sous conditions : Psyché devait se laisser visiter chaque nuit par Amour, connaître entre ses bras des délices indicibles, puis le laisser dormir *post-coïtum* sans le regarder. Laquelle d'entre nous aurait pu résister à un tel interdit ? Voir le dieu alangui lui donna un orgasme visuel inoubliable ! Malheureusement, elle eut aussi

un gros vague à l'âme lorsqu'il se réveilla : il l'abandonna sur place, furieux d'avoir été trahi. Il fallut donc à la belle, comme on dit dans *Elle* ou *Cosmo*, de nombreux « chapitres de sa vie » pour se reconstruire.

Pour dire cette résilience et cette pulsion positive plus forte que tout, la philosophie, la psychanalyse parleront d'Éros, version grecque d'Amour. C'est à partir d'Éros que s'initie toute la série galante de notre vocabulaire : érotique, érotisme, érogène, érotophilie, érotomanie… Tandis qu'Amour le fait varier en intensité : amour fou, amour flou, amourette, polyamour, amour-de-vacances, amour-de-ma-vie…

Parfois Amour s'appelle Cupidon, du verbe *cupere*, « être avide de », qui donnera aussi : être cupide. Les jumeaux sémantiques peuvent s'unir : l'amour érotique veut se différencier de l'amour platonique.

Amour peut changer de sexe : féminin pluriel chez Gainsbarre et ses « amours mortes ». Masculin singulier chez Gainsbourg qui aime « la couleur café de l'amour sans philosopher »…

Amour peut devenir durable, comme tout le reste. Amours de jeunesse renaissant au seuil de

la vieillesse, les « rétrosexuels » sont ces copains-d'avant qui se retrouvent, après cinq mariages et un enterrement, pour finir leur vie ensemble.
Le mot « Amour » est accusé par Nathalie Sarraute dans *L'Usage de la parole* d'être un terme usé par les ans, galvaudé et pompeux, qui écrase tant d'autres sentiments subtils qui n'ont pas encore de noms, mais qui palpitent entre deux êtres.
Contre ces convenances, l'humanité tente de progresser. Nouvelle histoire racontée aux enfants du XXIe siècle : c'est la princesse qui est conquérante et le prince qui attend. Louable effort. Mais quelle est la marge d'évolution d'un sentiment aussi ancestral ?
Au regard du vocabulaire, les liens de l'âme et les joies de la chair ont beau se moderniser, ils passent toujours par les mêmes images fondamentales. Le voyage d'Éros et Psyché n'est pas près de s'arrêter.
« Amour toujours » est donc une locution éternellement verte : nouvelle à chaque saison. Avec ce prince des sentiments, nous avons un pied dans la mode de l'époque, un autre dans les mythes invariants. Nous sommes donc *bi*

si l'on veut : hyper-modernes et hyper-fidèles aux grands sentiments qui n'ont pas d'âge. Archaïques et innovants, porteurs d'une « bi-temporalité » passionnante.
C'est la chance que nous donne aujourd'hui l'Enfant de Bohème. Antique et frais, printanier et hors saison, il nous prouve que nous pouvons célébrer notre part charnelle et notre part culturelle dans un même et vivace aujourd'hui.
Laissons donc le facétieux archer nous le murmurer à l'oreille : « S'aimer aujourd'hui, c'est s'aimer comme hier et comme demain. »
Précieuse fulgurance de son éternité.

Dans la même collection

N° 1 – *Les meilleures citations déprimantes pour bien commencer la journée*
Une anthologie constituée par Ève et Pascal Cottin
Illustrations de Soledad

N° 2 – *Les cheveux-vapeur du coiffeur*
Petit précis des mots communs sublimés par les écrivains établi par Véronique Jacob
Illustrations de Marie Assénat

N° 3 – *Qui sèche ?*
Livre-jeu de culture générale établi par Véronique Jacob
Illustrations d'Anne Laval

N° 4 – *Promenade chez Montaigne*
Ses citations les plus toniques réunies par Annick Benoit-Dusausoy
Illustrations d'Arno Dufour

N° 5 – *« Si je partais sans me retourner, je me perdrais bientôt de vue »*
Les plus belles citations de Jean Tardieu réunies par Delphine Hautois
Illustrations de Camille Pot

N° 6 – Isabelle Mimouni, *Malins en diable !*
Petit répertoire des méchants en littérature
Illustrations d'Olivier Tallec

N° 7 – *Retrouvez-les !*
Livre-jeu sur les héros de la littérature établi par Véronique Jacob
Illustrations de Serge Bloch

N° 8 – *Comment dit-on humour en arabe ?*
Un parcours drôle et informé par Mohammed Aïssaoui
Illustrations de Clo'e Floirat

N° 9 – *L'humour juif : les secrets de fabrication enfin révélés*
Une visite chez les écrivains juifs par Judith Stora-Sandor
Illustrations d'Inkie

N° 10 – *Les mots passants de tous les jours*
Une recension de mots passés au microscope par Didier Pourquery
Illustrations de Christian Roux

N° 11 – *L'argot du polar, cadavre exquis de la Série Noire*
Une anthologie d'extraits truculents choisis par Lionel Besnier
Illustrations d'Adam Hayes

N° 12 – *Les chats des écrivains*
Une recension des couples chat-écrivain par Bérangère Bienfait, Brigitte Bulard-Cordeau et Valérie Parent
Illustrations de Loïc Sécheresse

N° 13 – *Les plus belles fulgurances d'André Malraux*
Une anthologie éblouissante établie par Sylvie Howlett
Illustrations de Loïc Sécheresse

N° 14 – *Les meilleurs zeugmas du* Masque et la Plume, *présentés par Jérôme Garcin*
En coédition avec Radio France
Illustrations de Jochen Gerner

N° 15 – *L'art d'avoir toujours raison (sans peine)*
50 stratagèmes imaginés par Nicolas Tenaillon pour clouer le bec à votre interlocuteur
Illustrations de Mahler

N° 16 – *100 mots croisés décroisés*
Des jeux de piste compliqués par Gilles Moinot pour trouver 100 mots
Illustrations d'Inkie

N° 17 – *La littérature marque des buts*
Une anthologie footballistique avec Stéphane Chomienne en meneur de jeu
Illustrations de Gianpaolo Pagni

N° 18 – *L'humour de Marcel Proust*
Une promenade spirituelle dans la *Recherche* menée par Bertrand Leclair
Illustrations de Philippe Pierrelée

N° 19 – *L'amour en questions*
Un test original de culture générale conçu par Véronique Jacob
Illustrations d'Arnaud Boutin

Cet ouvrage composé en Minion Pro et DK Lemon Yellow Sun
par Dominique Guillaumin
a été achevé d'imprimer en janvier 2017
sur les presses de Grafica Veneta,
Trebaseleghe, Italie.

Dépôt légal : janvier 2017
ISBN: 978-2-07-270937-1

311568